Scoprire i Giochi Gratuiti Online

Disponibile Qui:

BestActivityBooks.com/FREEGAMES

5 CONSIGLI PER INIZIARE

1) COME RISOLVERE LE PAROLE INTRECCIATTE

I puzzle hanno un formato classico:

- Le parole sono nascoste senza spazi o trattini,...
- Orientamento: Le parole possono essere scritte in avanti, indietro, verso l'alto, verso il basso o in diagonale (possono essere invertite).
- Le parole possono sovrapporsi o intersecarsi.

2) APPRENDIMENTO ATTIVO

Accanto ad ogni parola c'è uno spazio per scrivere la traduzione. Per incoraggiare l'apprendimento attivo, un **DIZIONARIO** alla fine di questa edizione vi permetterà di controllare e ampliare le vostre conoscenze. Cerca e scrivi le traduzioni, trovale nel puzzle e aggiungile al tuo vocabolario!

3) SEGNARE LE PAROLE

Puoi inventare il tuo sistema di segni. Forse ne usi già uno? Per esempio, puoi segnare le parole difficili da trovare con una croce, le parole preferite con una stella, le parole nuove con un triangolo, le parole rare con un diamante, e così via.

4) STRUTTURARE L'APPRENDIMENTO

Questa edizione offre un **TACCUINO** alla fine del libro. In vacanza, in viaggio o a casa, puoi organizzare facilmente le tue nuove conoscenze senza bisogno di un secondo quaderno!

5) AVETE FINITO TUTTE LE GRIGLIE?

Nelle ultime pagine di questo libro, nella sezione della **SFIDA FINALE**, troverete un gioco gratuito!

Facile e veloce! Dai un'occhiata alla nostra collezione di libri di attività per il tuo prossimo momento di divertimento e **apprendimento,** a portata di clic!

Trova la tua prossima sfida su:

BestActivityBooks.com/MioProssimoLibro

Ai vostri posti, pronti...Via!

Sapevi che ci sono circa 7.000 lingue diverse nel mondo? Le parole sono preziose.

Amiamo le lingue e abbiamo lavorato duramente per creare libri di altissima qualità. I nostri ingredienti?

Una selezione di argomenti adatti all'apprendimento, tre buone porzioni di intrattenimento, una cucchiaiata di parole difficili e una spolverata di parole rare. Li serviamo con amore e entusiasmo in modo che tu possa risolvere i migliori giochi di parole e divertirti imparando!

La vostra opinione è essenziale. Puoi partecipare attivamente al successo di questo libro lasciandoci un commento. Ci piacerebbe sapere cosa ti è piaciuto di più di questa edizione.

Ecco un link veloce alla pagina dell'ordine:

BestBooksActivity.com/Recensione50

Grazie per il vostro aiuto e buon divertimento!

Tutta la squadra

1 - Scacchi

```
U R H V D C O N C O U R S S
Q U E E N J H W Ä I S S P P
O O I G N D C A D U N N I I
H G A J E B F N M U S R L L
U Q U S X L M R S P S G L L
K H K D E B E B T T I Q E C
N J X I R U P N R O H O R Z
K Q I D G L A R A U M Q N D
P C U E M J S Y T R K E N G
H H R F Z X S Q E N O T E J
F F S A X D I A G O N A L N
V H P F W V V Z I I G R M D
S C H W A A R Z E I T O N O
Z I V Q M K J G É I G N E R
```

GÉIGNER	PASSIV
WÄISS	KENG
CHAMPION	QUEEN
CONCOURS	REGELEN
DIAGONAL	DUNN
SPILLER	STRATEGIE
SPILL	ZEIT
SCHWAARZ	TOURNOI

2 - Strumenti

```
L E I D E R A D H J N G F I
G B F C Z C X K A B E L A S
S A C L S N A N M U O U C V
C D Z S Q H P F M W Q F K W
H N N B C X M C E Z A M E V
R E P H K H E Y R B I H L L
A N F Q E U O R J B V F D Q
U E Z T Z J L U J B R R T O
W S C H E R E E L U X R J M
U E A L Z R W G I Z A N G E
H E K E S W X L N M T G K S
J L S M W O I N X K G R E S
R A S I E R M E S S E R D E
Z V Y V W J Z J T P G L Q R
```

AX
KABEL
LEIM
MESSER
SEEL
HEFTER
SCHERE
HAMMER

SCHOUL
ZANGE
RASIERMESSER
RAD
LEIDER
FACKEL
SCHRAUW

3 - Aggettivi #2

```
B V H L I E S E N E G G I P
N E I U R E N G P L E Q N R
D G A X N S É I S E H Y T O
R E R U A G H N K G B R E D
Ë S S D T O R G P A D E R U
C O T K U U L I D N M S E K
H N E R R I N N G T E P S T
T D R E E I S T O L Z O S I
N V K A L Z P Y E R G N A V
X C R T L J Z T L C M S N O
V D J I S A L T I R X A T L
F W O V B N X P P V B B L J
D R A M A T I S C H A L S D
B E R U M T E E S L H E G C
```

HUNGRIG
DRËCHT
LIESEN
KREATIV
DESKRIPTIV
SÉIS
DRAMATISCH
ELEGANT
BERUMT
STERK

INTERESSANT
NATURELL
NORMAL
NEI
STOLZ
PRODUKTIV
RENG
RESPONSABLE
SALT
GESOND

4 - Pesca

```
Ü  F  L  Q  I  L  D  M  N  D  B  K  V  T
G  B  O  H  P  O  D  K  K  O  O  M  L  D
E  E  E  Q  M  C  E  Y  H  O  O  O  B  M
W  R  D  R  I  D  W  P  M  D  T  O  S  C
I  Q  N  O  D  G  O  B  D  E  N  Z  U  I
C  O  P  Z  L  R  X  A  B  M  I  N  F  U
H  P  P  E  X  D  E  M  Z  W  I  N  O  S
T  A  Q  A  X  S  É  I  M  D  D  U  S  H
P  K  A  N  L  P  K  I  W  O  U  X  K  W
S  A  E  K  I  E  F  E  R  U  Z  W  Ö  G
J  K  R  W  A  A  S  S  E  R  N  R  D  L
Q  S  A  J  L  I  Y  K  V  G  K  G  E  U
K  I  E  M  E  E  A  W  L  K  U  E  R  F
F  L  O  S  T  R  A  N  D  A  M  J  Z  H
```

WAASSER   HAAK
BOOT   SÉI
KIEME   KIEFER
KUERF   OZEAN
ÜBERDREIWUNG   GEDOLD
KÖDER   GEWICHT
FLOS   STRAND

5 - Aggettivi #1

```
L A B S O L U T K O A D S W
A U P E X O T I S K R Ë C I
N C E D S S L W Q Y T N H C
G K R S Y L C Z O U I N W H
X A F S Y R G R O U S S É T
W V E Y R V H W Q X T N I E
D Y K F É I S C H T I U E G
M É T K I L D F Q O K U R W
B Q I C M L G E A K T I V Ë
K Y W F Y E H X N J O N G S
A Z P Z I N K W U T O O W C
V H I V A R O M A T I S K H
H Q L W M O D E R N T S X T
E H R G E I Z I G C R A K H
```

EHRGEIZIG
AROMATISK
ARTISTIK
ABSOLUT
AKTIV
GROUSS
EXOTISK
VILLEN
JONG
IDENTISK

WICHTEG
LUES
LANG
MODERN
ÉISCHT
PERFEKT
SCHWÉIER
WËSCHT
DÉIF
DËNN

6 - Geologia

```
S A I E R P M N K Y H B Q F
A H N R R L A I O U I A U L
L K A O E A G G N V E U A K
Z B T S P T E K T E L E R O
C R A I S E I B I B R B Z R
Q G R O F A S P N F L A V A
S B I U M U E O E U S K L L
E P S N Q G R E N F Y A E L
V U L K A N K O T P L L X E
S T A L A G M I T E N C S N
K R I S T A L L E N J I T G
P L A N G J V S W T U U E W
S T A L A K T I T U N M I J
F Y P Ä E R D B I E W E N J
```

SAIER
PLATEAU
KALCIUM
HIEL
KONTINENT
KORALLEN
KRISTALLEN
EROSIOUN
GEISER
LAVA

MINERAL
STEIN
QUARZ
SALZ
STALAGMITEN
STALAKTIT
PLANG
ÄERDBIEWEN
VULKAN

7 - Campeggio

```
N  B  R  Z  M  K  G  N  D  M  K  F  T  K
B  I  D  N  M  R  N  S  S  P  A  S  S  O
J  E  R  M  C  P  N  W  X  Z  N  D  W  M
X  R  X  J  A  X  K  A  B  I  N  N  S  P
M  G  F  I  H  W  A  L  D  É  I  E  R  A
O  L  I  B  G  W  A  V  D  W  S  Y  E  S
U  J  R  H  J  B  R  N  V  G  T  B  T  S
N  N  A  P  V  H  T  I  N  S  E  K  T  C
T  B  A  C  J  Q  A  V  E  N  T  U  R  E
S  B  G  T  H  B  E  E  M  Z  B  O  Y  I
S  Q  U  E  U  T  N  U  T  E  H  H  B  J
E  S  N  B  E  R  B  F  Z  L  W  G  Y  B
E  P  É  U  T  S  U  J  Z  T  Q  C  C  O
L  K  K  I  H  Ä  N  G  E  M  A  T  T  E
```

BEEM	SPASS
HÄNGEMATTE	WALD
DÉIER	FIR
AVENTURE	INSEKT
KOMPASS	SÉI
KABINN	MOUNT
JACHT	KAART
KANN	BIERG
HUET	NATUR
SEEL	ZELT

8 - Arti Visive

```
S J A X F B N Z B E P D Z K
K A H I O E I A X A H T P R
U R F J T R E N O N K N E E
L C I S O N W S F I X C R A
P H L D P A E K W A C H S T
T I M P D R F Ë P B S S P I
U T G O Y D L N L L T C E V
R E A R X O Ë S A Ä A H K I
U K E T R E S C C I F A T T
B T A R L N S H K S F B I É
P U V A D D R T A T E L V I
V R I I K M K L G Ë L O I T
H S D T L F F E J F E N T N
I D I C Q Z K R R T I E X P
```

ARCHITEKTUR	FOTO
NIEWEFLËSS	KRIDD
KËNSCHTLER	BLÄISTËFT
BERNARDO	PLACK
STAFFELEI	PERSPEKTIV
WACHS	PORTRAIT
KREATIVITÉIT	SKULPTUR
FILM	SCHABLONE

9 - Esplorazione

```
C P A S T S Y I P I O K C C
R E E S U P P X K I G U O D
J N K D É I E R A U M L U G
C N W R D D K S O S A T R E
K J S B F O Y T H O M U A N
A K T I V I T É I T C R G T
Q U P Q I Z W E J Y B H É D
M F M U K J J Ë E N E M I E
J G C X R L I S L H J H E C
F X G N A J L I T L N Z R K
E O N B E K A N N T T O T U
E R S C H Ö P F U N G P L N
R X A T B E S T Ë M M U N G
S O N E I T A P E T I R A G
```

DÉIER
AKTIVITÉIT
COURAGÉIERT
KULTUR
BESTËMMUNG
ERSCHÖPFUNG
SPROOCH

NEI
ONBEKANNT
ENTDECKUNG
WËLLT
RAUM
REES

10 - Tempo

```
N K A L E N D E R S T O N N
U E U N D M O I E N P M S Y
E X E L N O U D S Y W E V P
C Y R H X U G J O E R I D W
H G L E E N E E W L W D A M
T K E K T T S L S X B E G M
G G T S Q M C Y L Y Y N A B
B I J W T G H Y P X R P O K
Q Q X J W E W O C H F G O M
H A L X B U R H R J Z H Z D
O P H Z U K U N F T Q H J T
X H A D E K A D E I M D Z P
S I U M I N U T T I R R M C
R M T J O E R H O N N E R T
```

JOER
ANNUELL
KALENDER
DEKADE
NO
ZUKUNFT
DAG
GESTERN
MOIEN
MOUNT

MEIDEN
MINUTT
NUECHT
HAUT
STONN
AUER
GESCHW
FIR
JOERHONNERT
WOCH

11 - Autunno

```
G S X Q O M I S N D Y Z D B
C A O K R O O F P A T V U R
A I T T C R R U L Y T R S E
R S P S H P D E N L X U K N
C O M X A K Z A A T F Q R N
F N I P R K A S T A N I E H
E A G O D J M E U M R V Z O
S L R D U E C H T E R E N L
T T A X P K L I M A E V U Z
I M T S C C Ä Y I E G Y C U
V N I O R K T P O H V I X V
A C O R N A L I P F Z A G Q
L O U J D C M D X E R K I M
N P N E Q U I N O X L P A Y
```

KASTANIE	BRENNHOLZ
KLIMA	ÄPPEL
EQUINOX	MOUNT
FESTIVAL	MIGRATIOUN
ORCHARD	NATUR
DUECHTEREN	SAISONAL
ACORN	

12 - Astronomia

```
A R K R U M E C A F S F R H
S A T F X O B X U I G P N I
T K G K S U P E R N O V A M
R É Y I F N M P G X C G Q M
O I S M E T E O R A X S P E
N T T G Ä E A B D N L M B L
O K R R E L D S E O V A Z E
M O A A R E C T T L J S X D
G S L V D S D Z C E U Q X Y
A M I I H K J O Q J R Y V G
R O N T M O E Q U I N O X N
E S G É P P L A N E T Z I H
C F Z I U N I V E R S U M D
I U E T A S T R O N A U T J
```

ASTEROID	METEOR
ASTRONAUT	NEBEL
ASTRONOM.	PLANET
HIMMEL	STRALING
KOSMOS	RAKÉIT
EQUINOX	SUPERNOVA
GALAXY	TELESKOP
GRAVITÉIT	ÄERD
MOUNT	UNIVERSUM

13 - Circo

```
S P B X W P I H S N I J C X
K U X Y W A G F X L C V K S
A X U A H R J Y H Y I M A U
A C R O B A T A B N B S E A
S F L O C D Z V Z Q L O Y K
F P O P I E F B E N E A P C
T J E F H Y O A M U S I K N
M Z O C X E E L E F A N T E
A E X N T D A L Y M H S X I
G L J E G A K O S T U M X A
I T T Z M L T N H I B V O L
S H U E F C E E W G Z U M O
C D É I E R J U U E W H P U
H S C T F N U I R R T E S W
```

ACROBAT
DÉIER
KOSTUM
ELEFANT
JONGLEUR
LOUW
MAGISCH

MUSIK
BALLON
PARADE
AF
SPECTATEUR
ZELT
TIGER

14 - Mitologia

```
Z L S P A W E C K Z C H J S
W A E B X S R P W K J E R C
A B E K R E A T U R D L P H
R Y C X O Q C B A A I D D A
C R H H K T H V J F Q N Y F
H I E V J H E P E T F U F U
E N K K A T A S T R O P H N
T T U B L Ë T T M O H J U G
Y N L R O Y A N R V N A A V
P Z T S U K O P P C U S L I
Q J U R S K R I E G E R B E
M W R H I M M E L S Q J B K
D O N N E R M O N S T E R A
B E R Z E U G U N G E N T I
```

ARCHETYP	JALOUSIE
VERHALE	KRIEGER
KREATUR	LABYRINT
SCHAFUNG	SEECHE
BERZEUGUNGEN	SPAWECK
KULTUR	MONSTER
KATASTROPH	HIMMEL
HELD	DONNER
KRAFT	RACHE
BLËTT	

15 - Piante

```
T Z G I H W A L D H J D T X
Q X B T B U S C H J N Ü G K
T L M C R E X X T G Y N A W
X C S E X S S U B X M G R S
J I F G B S P H E L R E D F
X L L L Z E B A M L O R E M
I W P D M O L W Y U B E N O
F L O R A E A S Z Q Z M M O
U K D S P F T Z X D E M R S
B E R R Y E X V X G F R Y A
L A G S P U C R D I B O L X
Ë Z N R B O T A N I E O Q U
T T R E A K E Q K A K T U S
T S O K N S B A M B U V Y P
```

BAM	DÜNGER
BERRY	BLOEM
BAMBU	FLORA
BOTANIE	BLAT
KAKTUS	BLËTT
BUSCH	WALD
WUESSE	GARDEN
EFEU	MOOS
GRAS	ROOT
BANEN	

16 - Spezie

```
C M K S A F I E N T A L K K
L U O E A U W J S J M V A W
Ë S R X N L U Y Z B M A R B
N K I R X E Z X Y P E N D E
N A A E Y O M I I J L I E T
E T N A N P A O M U Z L M E
R N D V S I A Y S T H L O A
C U E R G O U S É I S E M N
Q T R C A B Z D T E V J G I
Z S Y L K N U E W E L E K S
P A P R I K A E Y F H R E A
P F E F F E R I N G W E R P
W G F E N C H E L S A M E N
O E A T U R M E I C H Y Z Y
```

KNUEWELEK
JEREMY
ANIS
ZIMT
KARDEMOM
ËNNER
KORIANDER
MMEL
TURMEICH
CURRYPASTE

SÉIS
FENCHELSAMEN
GOUS
MUSKATNUTS
PAPRIKA
PFEFFER
SALZ
VANILLE
SAFIENTAL
INGWER

17 - Numeri

```
K  N  O  N  Z  É  N  G  G  Y  N  F  C  K
D  Z  Q  S  T  H  T  D  E  Z  I  M  A  L
V  U  E  C  H  T  Z  É  N  G  K  B  A  J
W  É  T  Y  Q  G  Y  W  J  W  W  N  A  M
Y  B  I  S  X  Y  G  A  I  E  M  S  C  I
P  U  D  E  Z  Z  S  I  E  B  Z  E  H  N
D  S  G  C  R  H  W  X  T  Z  D  C  T  D
V  R  T  H  E  Z  H  E  U  W  I  H  K  R
I  N  Ä  S  J  S  É  M  E  I  H  Z  K  Ä
E  U  R  I  J  S  E  N  S  E  W  E  N  I
R  L  T  H  Z  É  N  G  G  L  I  H  M  K
Y  L  G  Z  E  É  É  O  K  E  G  N  B  R
F  Ë  N  N  E  F  N  F  O  F  Z  É  N  G
Z  W  A  N  Z  E  G  G  P  I  U  R  W  I
```

FËNNEF	VÉIERZÉNG
DEZIMAL	VIER
NONZÉNG	FOFZÉNG
SIEBZEHN	SECHZEHN
UECHTZÉNG	SECHS
ZÉNG	SEWEN
ZWIELEF	DRÄI
ZWEE	DRÄIZÉNG
NÉNG	ZWANZEG
AACHT	NULL

18 - Cioccolato

```
P M Q W Q J L O S K R M D H
Q U A L I T É I T A A Q J A
F J Q G V L E H O L A K E H
O G U Z H K C D Y O S O A T
N R F G U N U Z I R Q K Z O
D E R D N U S S Y I J O U J
U S S Q K H M S T E E S C F
E C F A V O R I T N R É K O
D H V E X O T I S K E I E D
L T I K Y B Q V S Y M S R A
N Y Q U H Z X R A Z Y X T O
K A R A M E L V L E S C H T
S O B N D T B V O B T B F M
B H I O E O G W I H D Y P C
```

JEREMY

ERDNUSS

KAKAO

KALORIEN

KARAMEL

LESCHT

SÉIS

EXOTISK

FONDUE

UM

KOKOS

FAVORIT

QUALITÉIT

RESCHT

ZUCKER

19 - Guida

```
Q D G M R T O X B F K D H H
O I H T K V R B T O A O C H
V I T E S S E A U U A I L S
Z S C F Q B Z K N S R I H A
B U S A B R E N N S T O F F
T R A F I K B Q E G P Z G E
B R E M S E N Z L Ä M O A C
G E F O R R O A D N N V R L
K A C C I D E N T G D L A T
D M S W N M O O U E L O G X
V B X S N A O U A R I R E Z
P O L I C E V T L I Z E N S
M O T O R R A D O T J I H W
W R U S A U T O J R G X Y H
```

AUTO	MOTOR
BUS	FOUSSGÄNGER
BRENNSTOFF	GEFOR
BREMSEN	POLICE
GARAGE	SAFE
GASS	ROAD
ACCIDENT	TRAFIK
LIZENS	TRANSPORT
KAART	TUNNEL
MOTORRAD	VITESSE

20 - Sport

```
F C O G J G S Z I H W H G B
I H D G G O Y P V A I Q X A
T A V E O L E R I W W E R S
N M S W G F D W F L E G T E
E P P Ë A P G R Y L L S V B
S I I N L I B A S K E T A A
S O L N W A R B I T T E R L
R N L E V T A S D Z H T O L
A N B R R Z L F C N Y L L A
U A J E I S H O C K E Y E F
M T R A I N E R Y T T D V T
S T A D I O N I K R N E K L
C T E N N I S P L A T Z A Y
B E W E G U N G O V E E L M
```

TRAINER
ARBITTER
ATHLET
BASEBALL
BASKET
VEEL
CHAMPIONNAT
ERIWWER.
SPILLER

SPILL
GOLFPLATZ
EISHOCKEY
BEWEGUNG
FITNESSRAUM
TEAM
STADION
TENNISPLATZ
GEWËNNER

21 - Giocattoli

```
Z  S  Z  I  C  F  A  V  O  R  I  T  Z  L
D  R  U  M  H  R  C  D  X  B  R  W  U  J
D  L  A  K  E  M  H  R  S  H  P  O  C  O
H  M  L  P  R  P  P  O  M  P  J  G  H  R
N  X  S  A  N  M  N  P  E  B  O  O  T  O
H  A  N  D  W  I  E  R  K  E  R  P  L  B
S  Y  D  P  H  A  N  T  A  S  I  E  P  O
V  E  E  L  T  R  U  C  K  T  F  Z  H  T
I  D  Z  S  V  H  M  T  U  I  L  J  G  E
U  P  F  N  R  D  O  V  O  L  É  Q  P  R
T  V  W  C  N  C  B  I  P  T  I  U  S  X
Q  O  U  I  D  X  A  S  K  T  E  Z  C  I
A  V  Q  R  Y  Y  L  X  H  Z  R  D  V  Z
N  I  E  W  E  F  L  Ë  S  S  Q  Y  M  K
```

FLÉIER	TRUCKT
NIEWEFLËSS	MVP
HANDWIERKER	PHANTASIE
AUTO	CHERN
POPP	BALL
BOOT	FAVORIT
DRUM	ROBOTER
VEEL	ZUCH

22 - Strumenti di Cottura

```
K E T T E L D E C K E L L K
M E S S E R Q A T L S V Ë R
V E B R U Z S C H E R E S E
S P A W E C K I E E E J C I
X O A O J X K K R E R S H B
F R I G O E N W M I F D T E
O F C V X G V F O V H X Y W
R O Q E U G E S M N S V R I
S V I R Q B E K E F K L F W
C G K I Y O R M T Y T I Y X
H R S P A C H T E L C V B M
E O I N H W K D R C D O M T
T F E V H G B E S T I C K C
T X B B A C K O F E N Z P G
```

KETTEL
SIEB
MESSER
DECKEL
LËSCHT
SCHERE
FORSCHETT
BACKOFEN

FRIGOEN
REIBE
BESTICK
SPACHTEL
HERD
THERMOMETER
SPAWECK

23 - Uccelli

```
T  F  D  R  U  T  L  S  E  W  M  N  M  S
F  L  A  M  I  N  G  O  T  O  U  C  A  N
G  V  E  Ö  A  S  P  A  U  E  R  V  K  P
D  Ä  W  V  D  T  I  C  O  L  U  M  B  A
R  O  I  E  L  R  N  P  W  K  U  S  Q  V
E  H  U  S  E  U  G  A  B  K  J  K  B  O
I  U  Y  W  R  U  U  P  W  T  M  W  H  H
H  H  O  Q  E  S  I  A  E  E  N  K  E  H
E  N  U  S  O  N  N  G  G  E  X  X  P  V
R  S  W  A  N  V  B  E  K  G  B  Q  C  N
W  D  O  S  G  E  H  I  A  U  V  T  R  X
S  T  O  R  C  H  E  N  T  E  C  R  J  C
R  G  H  P  E  L  I  K  A  N  E  K  P  E
R  I  J  U  C  H  F  E  V  N  J  G  M  I
```

REIHER	PAPAGEI
ENTE	SPAUER
ADLER	PAVO
STORCH	PELIKAN
SWAN	COLUMBA
DOUWEN	PINGUIN
KUCK	HUHN
FLAMINGO	STRUUS
MÖVE	TOUCAN
GÄIS	EEG

24 - Giorni e Mesi

```
M F B S A M S C H D E G S Z
É Ë W O C H O I M P X R R U
I J T K I Y N O V E M B E R
N B M T O A N L S Z W T F F
D C D O W Y D M E V U B A R
E R W B Z O E M O U N T B E
G N I E C C X A S F V R I
F E B R U A R H U D Y J Ë D
D Ë N S C H D E G J W A L E
K A L E N D E R U O J N L G
A S J G S O Q P S E J U L I
N K X D M Z P A T R N A N S
J Y I L D E Z E M B E R L I
S E P T E M B E R H I H O H
```

AUGUST
JOER
ABRËLL
KALENDER
DEZEMBER
SONNDE
FEBRUAR
JANUAR
JUNI
JULI

MÉINDEG
DËNSCHDEG
MËTTWOCH
MOUNT
NOVEMBER
OKTOBER
SAMSCHDEG
SEPTEMBER
WOCH
FREIDEG

25 - Casa

```
Y K G N G S D F O C S C S V
Y M A V S P A W E C K F T I
E A R M W F C U A N Y I A Z
D U A S I Ë H I K J Z E C L
E E G U B N B Q E D W I K V
C R E M I S O S P I E G E L
K A U M B T D G A R D E N X
E A E E L E E D O U S C H B
N O D R I R N A D L X H O E
K D T A O Y X C I S A B X S
S G Y R T Z U H E H U M Q E
X J F R E A O I R B P E P N
V T G I K O C H N I S C H E
E J K W A S S E R H A H N L
```

DACHBODEN	MAUER
BIBLIOTEK	STACK
SUMMER	DIER
KAMIN	FENZ
KOCHNISCHE	WASSERHAHN
DOUSCH	BESEN
FËNSTER	DECKEN
GARAGE	SPIEGEL
GARDEN	SPAWECK
LAMPE	DACH

26 - Ristorante #1

```
M Q N D C D M R S V X V Z F
A D L E G C X X P I C K E L
T L C S X S U S K Z U A J E
T J L S C H O U L H T F M E
B O L E V M O F G G F F E S
Q Q O R R S E R V I C E N C
T Y I T A G L S X H J B Ü H
S R U H Q R I P S J S R O R
Z J R J M W C E M E R O Z Z
K O C H N I S C H E R U U L
Z X S K P I N X M M T T H S
R E S E R V A T I O U N U U
J G Y U C C Z D H V Z P H C
S W Z X V M I M Y K K C N B
```

ALLERGIE
KAFFE
FLEESCH
MAT
SCHOUL
MESSER
KOCHNISCHE
DESSERT

MENÜ
BROUT
PICKE
HUHN
RESERVATIOUN
SOUS
SERVICE

27 - Fantascienza

```
I F Y G V O P K I U S R E T
F M H J V J P S Z U R O X E
U F A N T A S T I S K B P C
T I P G K W L P O N T O L H
U R L A I I E U A A K T O N
R U A L J N N L V T E E S O
I W N A C P Ä O T O D R I L
S G E X E X T R E M Y O O O
T G T Y M I H R Y I S R U G
I L L U S I O U N C T A N I
S U T O P I E M D O O K U E
C W S P P W F X A A P E B Q
H H P P F M C S W B I L B E
B G Y V C H E R N G E M Q Z
```

ATOMIC
KINO
DYSTOPIE
EXPLOSIOUN
EXTREM
FANTASTISK
FIR
FUTURISTISCH
GALAXY

ILLUSIOUN
IMAGINÄR
CHERN
WELT
ORAKEL
PLANET
ROBOTER
TECHNOLOGIE
UTOPIE

28 - Città

```
H O T E L A S C H O U L B O
Q Q B M B N P A Y O V X I K
I K U F C A N D L C V R B M
N F M U J U N A I Q O U L K
U L U P N U A K W K S F I L
S U P E R M A R K T T L O I
T C M U S E U M I Q A O T N
K H T G L J A A N P D R E I
P H E J N O S A O E I I K K
H A M A C J W R D G O S H V
Y F O S T Q C T P O N T R U
C E Z O O E B Ä C K E R E I
W N Z I T V R G A L E R I E
X H C B O O K S H O P R L I
```

FLUCHHAFEN
BANK
BIBLIOTEK
KINO
KLINIK
APDIKT
FLORIST
GALERIE
HOTEL

BOOKSHOP
MAART
MUSEUM
BÄCKEREI
SCHOUL
STADION
SUPERMARKT
THEATER
ZOO

29 - Virtù #1

```
Z K H O V N A V E P W T H N
G E G V P M K E R R U B U R
M Y H A A O W R U A M F M G
M K Z O T E C L Y K M L Y X
O B Z J I E H Ë J T B D T Ë
S A U B E R A F V I L L E N
E K K A N H R T E S G X F N
R N R P T C M I X K X U F E
W U C Ä T Q A G U T T P E R
N E J I F L N E D H Z B K T
J L I K S T T N M Q Y T H
D V G S D I A R T I S T I K
R T Q Y D K V H I Q Y O V Z
O N O F H Ä N G E G S C Q Z
```

CHARMANT
VERLËFTIG
ARTISTIK
GUTT
KRÄFT
ENCISIV
EFFEKTIV

VILLEN
ONOFHÄNGEG
ËNNERT
PATIENT
PRAKTISK
SAUBER
WEIS

30 - Compleanno

```
G E S C H E N K W M K F G N
V B K Ä E R Z H S D A G L Q
I N V I T É I E R T R L É F
F J I I B U L H C P T I C R
F E O L A S J I P Y E D K Ë
R K I E J O N G W P N D L N
Ë A Z E R U S P A S S H E N
S L E J R Q L P W S N A C Z
C E I T Q Z X N E T Q U H M
H N T C H L B O I Z R H O S
T D Z I E Q O W S B I A A J
A E J F H X Y Z C M X E D J
N R J P A K A C H E N J L K
X Q O I G D A X T B Q I V L
```

FRËNN
JOER
KALENDER
KÄERZ
LIDD
KARTEN
FEIER
SPASS
GLÉCKLECH

FRËSCHT
DAG
JONG
INVITÉIERT
GESCHENK
WEISCHT
SPEZIELL
ZEIT
KACHEN

31 - Fattoria #1

```
W T H E T A Z J Q G S D E L
A Z C M F H B C N J K V X I
A H S C H W Ä I N S E E D S
S G D T O Q I H E R D E F M
S R K V N E S O S N K M Y U
E J V D I I J N E F E N Z H
R E I S G Y R D L S V F C S
N A L J Q L I T Ü P Ä E R D
G E E S S U K U H N G L P U
P B S A F G A R U E G D Q S
X G Q V Q U Z F H K I E W R
H Q R U C K F X N A L D R T
L A N D B R U I K L U A G B
O U X C B O K D C F A E D L
```

WAASSER	KAZ
LANDBRUIK	HERDE
BIENE	SCHWÄIN
ESEL	HONIG
FELD	KUH
HOND	HUHN
GEESS	FENZ
PÄERD	REIS
DÜNGER	SEEDS
HEI	KALF

32 - Paesaggi

```
O Z A X A O A S T R A N D A
Y V X W T A K T M F V J K V
F U P A F L P E H I E L L I
E L T A M A D P I R E W Z N
T K O S U M P F L Q O R M S
W A M S É I E R L L F B R E
Z N W E O Z E A N L R L I L
R N X R G L A Z I E R D Y N
P M H F H A L L I N N E L T
U W B A B P S O X G F M N U
D A L L I Q A O K B C Z J N
R C Y L E H A Q D J W X D D
J V U S R S A N C V D Y V R
F L T R G E I S E R L O P A
```

WAASSERFALL	MIER
HILL	BIERG
STE	OAS
FLOS	OZEAN
GEISER	SUMPF
GLAZIER	HALLINNEL
HIEL	STRAND
ROBIN	TUNDRA
INSEL	DALL
SÉI	VULKAN

33 - Ristorante #2

```
W Z F T K A C H E N R B V V
A A I B O R B U C W X U A U
T A A X D Z J Q U F L P R C
E L Q S L E S C H T M A Y M
R E Z Q S N N A W Z Z O P P
M Ë T T E E D Z Z Ä L I R A
S A L A T K R B F F I S C H
H F R U U C H T G I E S S G
O L Ë S C H T K G F O A M E
F O R S C H E T T O L L B M
H B L X D X M S P S A Z E É
D I N E R A I V K Z S N N I
J R V E C Z Y R Z F C C B S
T T R V W X H U I J W U C F
```

WAASSER	ZOPP
WATER	FISCH
DINER	MËTTE
LËSCHT	SALZ
LESCHT	HL
FORSCHETT	RZEN
FRUUCHT GIESS	KACHEN
ÄIS	GEMÉIS
SALAT	

34 - Giardino

```
R T O W Q F U Q I R R D G T
Q A X A G E W E I D E R T R
V K K H Ä N G E M A T T E A
B L O E M Z S C H O U L I M
U L C G H S O O N Z N S C P
S G X Z A G A R D E N C H O
C B E N G R O U B O M H G L
H G K G E M A U A H P A X I
H Y Z P I P E G M X J U S N
T W P Q N Z E D E N K C O O
R F L W P X R C N G Q H T Q
T E R R A S S C G Q R A C E
Y Y I S V J K K A A J A M P
M K O S F X Z Q J M Z K S T
```

BAM	SCHOUL
HÄNGEMATTE	BENG
BUSCH	RAKE
GRAS	FENZ
WEIDER	TEICH
BLOEM	TERRASS
GARAGE	TRAMPOLIN
GARDEN	SCHAUCH

35 - Frutta

```
Z T W L M A N G O D P N A U
B I R N E E D P U R F E P Y
L K T I A O L T W A L K R M
A S I R S Q B O J U A T I O
C L R W O U T R U F U A K A
K P Y Y I N G A S N M R O V
B A N A N S E N G S E I S O
E P B E R R Y G F J N N E C
R A I O P L E E O U V Q F A
R Y H M I B A N A N Y R E D
Y A G Q I E H A M B I E R O
G S I K S A P E L X E O N Y
K I R S C H E W Y Z R F M K
O E Z Q H U C K R O W Y D V
```

APRIKOSE	MANGO
ANANS	APEL
ORANGE	MELOUN
AVOCADO	BLACKBERRY
BERRY	NEKTARIN
BANAN	PAPAYA
KIRSCHE	BIRNE
KIWI	PIISCH
HAMBIER	PFLAUME
ZITRONE	DRAUF

36 - Fattoria #2

```
L E O G O Z V D V M T F M Z
D A C S R T R A K T O R A K
D Q M K C G V Y M L I U I R
B V A M H E K V Ë D R U S W
M A T W A M R S L H R C U E
I Q U K R É J C L E I H R K
L S W E D I C H E Q G T I D
A S G T R S J E C N A G K É
M C B X G X L U H W T I D I
A H W E E S S N N W I E S E
J A V X E G Z E W E O S D R
T F G E R Ä R K L A U S Y Z
Z T R O N C B O R Q N C O J
C K K L N J A N F R A V E Z
```

LAMM	IRRIGATIOUN
BAUER	LAMA
ENTE	MËLLECH
DÉIER	MAIS
MAT	GERÄR
SCHEUNE	SCHAF
FRUUCHT GIESS	WIESE
ORCHARD	TRAKTOR
WEESS	GEMÉIS

37 - Dinosauri

```
E U Y E C Ä W U H Z J D V K
D N N E N E S M A M P G N T
S D O T D R B J J Y R R G A
B O E R I D H U B L Y É U E
M L N D M I S C H W Ä I F V
I S W I N G S K J Q R S E O
G U I P H H C J F Q J S H L
W R D L L J O P W V N T X U
S M O V M A M M O T C O A T
O H N U U N G Z G Y S R I
Q D C W S Y I Z D F J V S O
G T G R W S J R E P T I L U
I V E R S C H W A N N E H N
A L L E S F R E S S E R Y G
```

WINGS
SCHWÄIF
ENORM
PLANZEN
EVOLUTIOUN
GROUSS

MAMMOT
ALLESFRESSER
REPTIL
VERSCHWANNE
GRÉISST
ÄERD

38 - Verdure

```
S O P F X V T O M A T I Y S
S E E G P L A N T W V O D P
B R L B R O K K O L I Q L I
B B F L A G Ë A F E V M A N
R S J D E U V N R S C R T A
G E S Q C R Q P N R Q Q T T
R C A W J K I H T E O X O K
O O L I V E Y E N X R T P Ü
M P A S C H A L L O T Y P R
P E T E R S I L I E S D E B
E R A D I S C H V H L H L I
R O A R T I S C H O C K E S
K N U E W E L E K Q R P C I
I N G W E R R Y E C T V H D
```

KNUEWELEK	ERBSE
BROKKOLI	TOMAT
ARTISCHOCKE	PETERSILIE
KARROT	TROPPEL
GURKE	RADISCH
ËNNER	SCHALLOT
SALAT	SELLERIE
EEGPLANT	SPINAT
OLIV	INGWER
GROMPER	KÜRBIS

39 - Scuola #2

```
B I L D U N G B J C I R L A
R U C K S A K L Z M O W I K
Y J F G O O H Ä G L L O T A
L F I D M U B I L P É S E D
G T D C C P P S L D I C R E
M A T H E M A T I K E H A M
X M L E V U P Ë E L R O T I
Y F S R H I I F S S I E U S
B U S N M T E T E G N N R C
S C H E R E R U N X D P N H
B I B L I O T E K V F M J Z
G R A M M A T I K X P W V P
I V K A L E N D E R V F S P
I E C O M P U T E R E G L E
```

AKADEMISCH	GRAMMATIK
BUS	LÉIERIN
BIBLIOTEK	LITERATUR
KALENDER	LIESEN
PAPIER	CHERN
COMPUTER	MATHEMATIK
WO	BLÄISTËFT
BILDUNG	SCHOEN
SCHERE	RUCKSAK
MVP	

40 - Barbecue

```
D I N E R T O M A T E B Ë A
G T J O F X G S Ë N X F N B
E Q P V Q C A R J T I E N S
M M P H L O K X G P T S E B
É I U M E S S E R F X E R G
I Z Q S V T A T K E D V G R
S F A M I L L P F F I M B I
M V P S O K Z C R F A W R L
F R U U C H T G I E S S S L
O Z J L V N U A P R O U A H
R Q S X O V O N C O U M L U
T Y E T Y M W V G N S M A H
E S P H O S C R A E A E T N
P F B W A A R M A T R R E F
```

WAARM
DINER
MAT
ËNNER
MESSER
SUMMER
HUNGER
FAMILL
FRUUCHT GIESS
MVP

GRILL
SALATE
MUSIK
PFEFFER
HUHN
TOMATE
MËTTEG
SALZ
SOUS
GEMÉIS

41 - Insetti

```
K A K E R L A K E M H B Z F
I Ä D A E X A X M R L K T D
Y T F M Y W U R M A T J B H
F T P E G G D X V W N I A D
M U Ä I R P B K O E S T B O
D É I S C H L E C H T F I M
L T P E X X A Z I K A D E S
I E E E S F T W E S P E N F
B R R B S I T M Ü C K E E Z
E M L E B F L A U P X D X X
L I E I S Z A O X W X B C V
L T K O R I U W I G L T F M
E E W H H F S S E D Z J Y K
H E U S C H R E C K E D M Y
```

BLATTLAUS
BIENE
HEUSCHRECKE
ZIKADE
DÉISCHLECHT
KÄFER
PÄIPERLEK
AMEISE
LARVE

LIBELLE
MANTIS
FLAU
KAKERLAKE
TERMITE
WURM
WESPE
MÜCKE

42 - Erboristeria

```
T V H A F W E K M V M O I E
M H U R G R É N G I Z W U J
K V I O V O R U R C N U R J
Y L D M S Y G E J Q R Z T O
G W H A E I T W E F Z Q E V
J Q M T B I K E D I L L S L
B U X I N R H L D G B I T A
B A O S C O O E I F H B R V
V L Z K I S O K B J E R A E
W I O Z K M A J O R A N G N
Z T G E G A R D E N R R O D
M É V F M R U M N A E S N E
S I B F B I O R E G A N O L
M T U G N N K U L I N A R Y
```

KNUEWELEK
DILL
AROMATISK
KULINARY
ESTRAGON
BLOEM
GARDEN
UM

LAVENDEL
MAJORAN
MINZE
OREGANO
QUALITÉIT
ROSMARIN
THIMEI
GRÉNG

43 - Danza

```
F A G O D X Z B N O J K R E
R C D N F V I S U E L L H M
Ë A D W A C X K J K U A Y O
S D B D H D L I N D M S T T
C E T Q N T E E V C M S H I
H M K U L T U R E L L I M O
T I U O W R F P W J Y S U N
L E L E N R P E S U S C S V
L D T C V S P R Q B G H U O
Z M U S I K C P A R T N E R
Q R R G Y A W H E S Z Q T Z
K R Ä I S C H E T V Q T L S
C H O R E O G R A P H I E K
N A L C T B E W E G U N G W
```

ACADEMIE
KONSCHT
KLASSISCH
PARTNER
CHOREOGRAPHIE
KIERPER
KULTUR
KULTURELL

EMOTION
KRÄISCHE
FRËSCHT
GNADE
BEWEGUNG
MUSIK
RHYTHMUS
VISUELL

44 - Scuola #1

```
Z S B A L F A B E T C M M A
Z P M L B I B L I O T E K H
S A G A Ä Q N K J R M R Q L
S S H P T I U T F D E R T G
R S B I A H S O R N W E T H
X E C M G P E T E E Z V V Z
S Y H M F C I M Ë R X V E F
G W B T U J T E A F R Ë N N
N D X N O Y I C R T T L A E
O I M M G D H H N T I J S X
Y W Ë S L É I E R I N K H A
J Z T Q G C I R D T G D L M
Ä N T W E R T N I R G V H E
A L E K L A S S E S A L L N
```

ALFABET

LÉIERIN

FRËNN

CHERN

KLASSESALL

MATHEMATIK

BIBLIOTEK

BLÄISTËFT

PAPIER

MËTTE

ORDNER

ÄNTWERT

SPASS

HL

EXAMEN

45 - Fiori

```
A X S C I T S N K O I O B M
K L E E H U H E P W D R L O
Q Y V Y U L I L I E A C U H
I J T Z Z I B U X N I H M N
U J Q R J P I U Q Z S I E H
K E A U M O S D T A Y D N M
O J W S O T K H V H G E S A
O N F X M N U X G N A E T G
K O R N E I S G M L R F R N
G Y I A Z O N T W G D N A O
P F I N G S T R O S E O U L
V I O L E T T E N Q N S S I
L A V E N D E L J S I P S E
W K D S O N N E B L E M X B
```

WENZAHN
GARDENIE
JASMIN
LILIE
SONNEBLEM
HIBISKUS
LAVENDEL
VIOLETTE

MAGNOLIE
DAISY
BLUMENSTRAUSS
ORCHIDEE
MOHN
PFINGSTROSE
KLEE
TULIP

46 - Ecologia

```
I O X A V G X J P N S R F V
E W T M J A P L A N Z E N E
D E W F A U N A B Q L S T G
K I Z E X M U D C X X S S E
C L V K R U A Ü B F Y O J T
W A I E F L O R A J O U X A
A A Q M R N I R V K F R N T
U L H A S A E C O N C A I
Q O P R V U I A W B U E T O
I G B I Z M V T E E F N U U
P U B N P P D M É L X A R N
P R A E O F K R O I L T E X
X I L Y Y G U W B Y T U L B
D K U Q R Q R R J F R R L E
```

KLIMA

DIVERSITÉIT

FAUNA

FLORA

MARINE

NATUR

NATURELL

SUMPF

PLANZEN

RESSOURCEN

DÜRRE

IWWERLIEWE

VEGETATIOUN

47 - Discipline Scientifiche

```
P S Y C H O L O G I E S B B
U F B O T A N I E G M S W I
J B A N A T O M I E L O D O
M I N E R A L O G I E C O L
A O P H Y S I O L O G I E O
S C V V I G N Z W N B O M G
T H W S Y E G O O Z F L E I
R E G H C O U O D I C O C E
O M F M H L I L J I O G H G
N I A L E O S O N C V I A H
O E G S M G T G A Z U E N V
M M P V I I I I I N S O I F
I J Y V E E K E E V J I K L
E Ö K O L O G I E Q C Y D G
```

ANATOMIE

ASTRONOMIE

BIOCHEMIE

BIOLOGIE

BOTANIE

CHEMIE

ÖKOLOGIE

PHYSIOLOGIE

GEOLOGIE

LINGUISTIK

MECHANIK

MINERALOGIE

PSYCHOLOGIE

SOCIOLOGIE

ZOOLOGIE

48 - Scienza

```
H Y P O T H E S P E F L C Q
H E M I N E R A L V D A T E
A G O W B M K I A O A B K F
A R L Y S X M B N L W O B T
P A E K L I M A Z U J R T L
T V K X M F E H E T K A G H
S I U M P E J J N I A T O M
Ä T L Z A E T T H O L O P M
C É E U R P R H C U G I H X
H I N A T U R I O N P R Y R
L T Q W I V P H M D O E S V
E E A T K C T T T E E J I S
C H E M E S C H L N N N K A
H G S E L W N Y R S H T L E
```

ATOM	GRAVITÉIT
CHEMESCH	HYPOTHES
KLIMA	LABORATOIRE
DATE	METHODE
EXPERIMENT	MINERAL
EVOLUTIOUN	MOLEKULEN
FAKT	NATUR
PHYSIK	PARTIKEL
HAAPTSÄCHLECH	PLANZEN

49 - Acqua

```
M M G V A G F U S Q X P D O
S O E O L X I V I G H W U Z
K A N A L X I E D A M P E E
T W A S K D C R N F Y H C A
Ä I S L U T H D L L N G H N
L R A A R N T U G O I H T S
R X W E L L E N R S L E E M
D O U S C H G S F R J Y R Z
Q R Y C É N K T G E I S E R
N E H H N I E U I G K C N Y
O E R N J U E N K V G U A O
T N O É C R T G M J T C H N
I R R I G A T I O U N I T V
U E D L S K T Q J B V N C O
```

KANAL
DOUSCH
VERDUNSTUNG
FLOS
DUECHTEREN
GEISER
ÄIS
IRRIGATIOUN
SÉI

MONSUN
SCHNÉI
OZEAN
WELLEN
REEN
FIICHTEGKEET
HURRICAN
DAMP

50 - Surf

```
S C H U M M P H A N G J P V
P T V O U N V V X N I Y X I
A C I Q E Q H K E N U P O T
S U F L A A N K R T F O P E
S C H A M P I O N T Ä S Q S
G H Y D G O O O L S N C Z S
F L F P A Q O P K S G E N E
A T H L E T A U U P E U T E
K R A F T S P M G L R W O X
J X Q V S W T S V R Ä Z Z T
G M L R E P U R P M K R E R
O O Z K Q Z K R A K G I A E
Z W E C K R O B Z N H F N M
B G R D E Y V U Z N D F A A
```

ATHLET	UFÄNGER
CHAMPION	SCHUMM
SPASS	RIFF
EXTREM	STRAND
KRAFT	STIL
OZEAN	MO
POPULÄR	VITESSE

51 - Imbarcazioni

```
I Q Y Y D S E H Q K A F T K
B H B T M Q W Q D A D L P A
W E L L E N Z X L Y N K Q N
E J V S B M E A M A T M D N
W F D Ë Y Y D T N K B J Q X
M K F F L O S M M K B W F J
Y A C H T K S É I S E C L M
Z M I V T Z E D E E Z R U I
N A O N C G S R R E U E T L
I S J T K N B A U L Z W N I
X T J R O B U E T N H K I T
P W W W G R X R D I G L H A
S E G E L B O O T D E E M N
O Z E A N N A U T I S C H T
```

MAST	MIER
ANKER	FLUT
SEGELBOOT	MILITANT
BUET	MOTOR
KANN	NAUTISCH
SEEL	OZEAN
CREW	WELLEN
FLOS	BEVËLKERUNG
KAYAK	YACHT
SÉI	DEE

52 - Api

```
F S O N N P P P O G W B K R
A R C Z S I O W K A A E M T
U M U B X E V L Y R C N L W
C B L U M M E N L D H E D O
H D F J C L M F A E S F I I
H O N I G H A U B N N I V E
Z P U J Z B T P L A N Z E N
Q Y F M N X Q G É I J I R S
B V P T L T Y Q I E I E S C
Q Z D A N I Z L U E N L I H
Ö K O S Y S T E M E S L T W
B I E N E N K O R B E S É A
M P I H Y M R L Y R K N I R
M C V W I N G S N Q T W T M
```

WINGS
BIENENKORB
BENEFIZIELL
WACHS
MAT
DIVERSITÉIT
ÖKOSYSTEM
BLUMMEN
BLÉI
FRUUCHT GIESS

FAUCH
GARDEN
INSEKT
HONIG
PLANZEN
POLLEN
QUEEN
SCHWARM
SONN

53 - Strumenti Musicali

```
M I Y Y B T C E L L O V K E
A F R L R S A X O P H O N R
R E F C T M H M O R D B N M
I K B L G Y V T B G B O K A
M H A R F E A R R U D E J N
B Z S L Q T I O S A R G R D
A B S U I W I M E E U I N O
S V P I A N O P K Z M T N L
I E O C V R Y E T T Q A F I
E P S Q E V X T Q T R R S N
O T A K L A R I N E T T J E
J Y U L Y V R L U C X H U A
G O N G B A S S U N E P U K
Q P E R K U S S I O N N A O
```

HARFE
GITAR
KLARINETT
BASSUN
FL
GONG
MANDOLINE
MARIMBAS
OBOE

PERKUSSION
PIANO
SAXOPHON
TAMBURIN
DRUM
TROMPET
BASSPOSAUNE
GEI
CELLO

54 - Professioni #2

```
Z L H K Z L S E R P V I D F
A D É J O U R N A L I S T A
H P O I D F X E Z B N L F A
N H F K E B S R U I K Y O S
A I U G T R Z F U O H X T T
R L E Z E E I I S L A I O R
Z O R O Z N R N E O Y N G O
T S S O B Q T D L G F G R N
N O C L W U K E D U L E A A
Y P H O H E E R E Y M N F U
O H E G I T U B N L A I Z T
G Ä R T N E R E G Y L E H H
Z I L L U S T R A T E U R R
C H I R U R G N A L R R T Z
```

ASTRONAUT
BIOLOG
CHIRURG
ZAHNARZT
PHILOSOPH.
FOTOGRAF
GÄRTNER
JOURNALIST
ILLUSTRATEUR
INGENIEUR

LÉIERIN
ERFINDER
ENQUETE
ZU USELDENG
DOKTER
PILOT
MALER
FUERSCHER
ZOOLOG

55 - Letteratura

```
D V B G B R L R G A A M Z B
G E D I C H S I P U N E F E
O R U Q O E C W S T E T R S
Z G G H V G T L K E K A R C
V L R E U A R Y Y U D P P H
M E N I N G N A E R O H O R
F C E V G W Y A P C T E E E
T H E M A H F D L H G R T I
K U U R V R A I I Y I P I W
B U X M R O Z A K J S E S U
R E I M O L I L A T T Z K N
X P U H M L T O O U I G C G
A K A N A L O G I E L O N J
H P O C N I M R E G D S N M
```

ANALYS	FIKTION
ANALOGIE	METAPHER
ANEKDOT	MENING
AUTEUR	GEDICH
BIOGRAPHIE	POETISK
FAZIT	REIM
VERGLECH	ROMAN
BESCHREIWUNG	STIL
DIALOG	THEMA

56 - Cibo #2

```
Q S P A R G E L Y Z O Y S Z
W E E S S F G Z D N O B C H
S L Y A U I A B R O U T H U
C L K Q X U B Q R Q R C O H
I E T X Q D R A U F M M C N
K R Z J U G O K I W I L K L
Y I E E G H K Ä I S T U E P
U E R E I S K L K I O L L A
J G P S A I O F D O G Z A P
C V G R C Z L B I O W V T E
Z P Q F H H I F A S I G O L
S C H I N K E N F N C Q M W
E E G P L A N T J R A H A Z
Y O G H U R T K N W I N T D
```

SPARGEL
BANAN
BROKKOLI
KIRSCHE
SCHOCKELA
KÄIS
WEESS
KIWI
APEL
EEGPLANT

BROUT
FISCH
HUHN
TOMAT
SCHINKEN
REIS
SELLERIE
EEG
DRAUF
YOGHURT

57 - Nutrizione

```
G D Z G P S G O T Q Q B W V
E J D N T G E S O N D C E I
S S I G K E I T E N E L N T
O Q K O L H Y D R A T E K A
N U G E W I C H T K U L A M
D A Ä V S B U O A U J V L I
H L R S E S G E I D E R O N
E I U J O R B X C X R Y R K
E T N Z I U D A P P E T I T
T É G E I A S A R B M O E V
J I R Z E N W P U O Y X N P
R T P R O T E I N U D I É T
A U S G E W O G E Q N N R D
N Ä H R S T O F F Y S G R R
```

JEREMY
APPETIT
AUSGEWOGE
KALORIEN
KOLHYDRATE
ESSBAR
DIÉT
VERDAUUNG
GÄRUNG
SSIGKEITEN

NÄHRSTOFF
GEWICHT
PROTEIN
QUALITÉIT
SOUS
GESONDHEET
GESOND
RZEN
TOXIN
VITAMIN

58 - Matematica

```
E V H S Y M M E T R I E D W
D X G E O M E T R I E R U F
U E P P A R A L L E L E E R
E V Z O W W N C T C H C R A
C W E I N Q B G Y D K H C K
P E R I M E T E R Z Y T H T
S M Ë M F A N G K U G E M I
Q J E U A E L T I W U C I O
E Q U A T I O U N E X K E U
D R I E E K E L S K N E S N
Q J Y G I P O L Y G O N S X
T M H S V I T J L P T X E P
G Z H G R J E X I G R E R H
A R I T H M E T I S C H J Q
```

ARITHMETISCH   GEOMETRIE
ËMFANG   PARALLEL
DEZIMAL   PERIMETER
DUERCHMIESSER   POLYGON
EQUATIOUN   RECHTECK
EXPONENT   SYMMETRIE
FRAKTIOUN   DRIEEKEL

59 - Vacanza #1

```
V G K O F F E R S S W D L V
P E R S N L W Q E C Ä I S C
V M R Z Z P É K X Y H R C X
A U T O G I I I P Z R S H H
X S O L Q E C N E S U C Ä R
T E U L E C F S D R N H F N
U U R A N J Q B I Q G E F V
G M I J L M E G T D S N E N
Q M S M Q R L E I A V É A M
L T T R A M W Y O O T Y I C
R U C K S A K B U E W I M Z
L Z M T Q O K B N F E Y Z L
R E L A X A T I O U N O L Z
P E Q D R K W F D V R V J X
```

FLÉIER

RELAXATIOUN

AUTO

EXPEDITIOUN

ZOLL

TRAM

SCHÄFFE

TOURIST

SÉI

KOFFER

MUSEUM

WÄHRUNG

DIRSCHEN

RUCKSAK

60 - Bagno

```
P  C  Y  L  M  T  Z  K  P  H  J  A  S  L
B  R  W  E  I  W  A  A  S  S  E  R  P  U
P  A  C  Z  B  S  R  V  N  E  P  E  I  V
H  X  D  S  P  A  W  E  C  K  E  F  E  T
W  A  S  S  E  R  H  A  H  N  C  F  G  R
N  J  N  L  O  T  I  O  N  L  F  S  E  Y
U  M  C  D  O  U  S  C  H  G  Y  C  L  M
J  N  N  D  D  A  M  P  C  Z  X  H  R  S
H  M  C  K  B  U  B  B  E  L  S  W  P  H
S  C  H  E  R  E  C  F  K  H  V  A  A  A
J  B  D  P  V  G  I  H  J  J  I  M  R  M
F  C  A  K  M  R  L  P  L  A  Y  Z  F  P
U  Q  G  Y  R  H  N  T  W  W  J  N  U  O
W  E  P  J  W  T  N  V  D  B  K  J  M  O
```

WAASSER	PARFUM
HANDDUCH	WASSERHAHN
BAD	SEEF
BUBBELS	SHAMPOO
DOUSCH	SPIEGEL
SCHERE	SCHWAMZ
WC	SPAWECK
LOTION	DAMP

61 - Meditazione

```
R O U E G E D H Z I B Y B M
S T I L L E H T G K E P Y I
W A K K E R T P E N W E T T
D B Y Z B M X N I S E R E G
L J J A P Q U D S B G S G E
U N H U E L E S T P U P L F
Y A N A E M O T I O N E N Ü
D T K O O H T Z G K G K F H
Z U D P F R I D D E E T T L
J R D A N K B A R K E I T É
K L A R I T É I T U S V R I
M I J I I V F L Y D C D Z E
I R A B V N B N L I H K F R
O M T E M P K W G Ë T T M K
```

UNHUELE	GEESCHT
ROUEG	BEWEGUNG
KLARITÉIT	MUSIK
MITGEFÜHL	NATUR
EMOTIONEN	FRIDDE
GËTT	PERSPEKTIV
DANKBARKEIT	OMTEM
LÉIER	STILLE
GEISTIG	WAKKERT

62 - Estate

```
F M G S A N D A L E D T R M
R U S A F R E E D Q T S E I
É S H T R Z Z B Y N O T L E
I I V C R D F A M I L L A R
S K M D E A E C V K I L X V
C D U H P O N N P T Y R A D
H J Q Q X X Q D P Z C D T A
T F F O V V W Z Z P H N I U
S T Ä R E N H I M M E L O E
P J D B Ë J P V B G R M U R
X R E E S N V A K A N Z N P
J G Y G D O N T G S M M N K
H C A M P I N G S P L A Z P
N P A Y G I Q L X M B T O P
```

FRËNN

CAMPINGSPLAZ

MAT

FAMILL

GARDEN

MVP

FREED

DAUER

CHERN

MIER

MUSIK

RELAXATIOUN

SANDALE

STRAND

STÄRENHIMMEL

FRÉISCHT

VAKANZ

REES

63 - Escursionismo

```
G U A U D V C D W D C P S S
M H H X H I A É N O Y A P T
S T E I N R M I V L O T Ë I
K A A R T B P E K M R X T W
W Ë L L T E I R P F I Y Z W
K L I M A R N C A Y E D T E
N L O W P E G P H P N N D L
Y A I Q H E S A S W T D Q E
W P T P U D P R O Q A D F C
Q J I U P U L K N D T R G S
N K J T R N A E N B I E R G
J L D P E G Z N R P O A R M
S C H W É I E R S O U G N E
W A A S S E R L S F N Y P I
```

WAASSER	SCHWÉIER
DÉIER	STEIN
CAMPINGSPLAZ	VIRBEREEDUNG
KLIMA	KLIPP
KAART	WËLLT
BIERG	SONN
NATUR	MIDD
ORIENTATIOUN	STIWWELE
PARKEN	SPËTZT

64 - Professioni #1

```
M  J  E  O  P  D  Ä  N  Z  E  R  J  K  P
V  C  F  M  P  L  F  C  N  A  I  E  Ë  S
C  I  L  G  I  I  U  Y  X  U  K  W  N  Y
H  B  D  L  S  L  A  M  V  F  X  E  S  C
H  Z  M  I  I  G  I  N  M  Z  G  L  C  H
Q  D  K  N  F  I  I  T  I  E  E  L  H  O
W  M  U  S  I  K  E  R  A  S  R  E  T  L
A  V  O  C  A  T  D  S  H  N  T  R  L  O
O  B  A  N  Q  U  I  E  R  X  T  J  E  G
E  Z  X  M  H  Y  T  R  A  I  N  E  R  E
G  K  T  G  A  L  O  Y  I  J  T  E  B  O
K  A  R  T  O  G  R  A  P  H  A  Ë  X  L
A  S  T  R  O  N  O  M  D  K  G  R  P  O
K  L  E  C  H  T  E  R  F  E  P  L  F  G
```

TRAINER
KËNSCHTLER
ASTRONOM.
AVOCAT
DÄNZER
BANQUIER
JEEËR
KARTOGRAPH
EDITOR

GEOLOG
JEWELLER
PLUMMER
KLECHTER
MILITANT
MUSIKER
PIANIST
PSYCHOLOG

65 - Antartide

```
G M I G R A T I O U N H R Ë
W L W A L E N U K E D K S M
A O E R O C K Y Z Q E L F W
A O L T E M P E R A T U R E
S G S K S X I T Y M U Z C L
S T O S E C Z F L H T A K T
E M M W R N H I N S E L G Q
R X A M M F U E R S C H E R
B R W Z M I N E R A L N C Ä
R A E X P E D I T I O U N I
P Q Y H A L L I N N E L C S
G E O G R A P H I E Z L F T
K O N T I N E N T D Q F M R
R E F E R E N Z E N W K S L
```

WAASSER	INSEL
ËMWELT	MIGRATIOUN
BAY	MINERAL
WALEN	WOLKEN
REFERENZEN	HALLINNEL
KONTINENT	FUERSCHER
GEOGRAPHIE	ROCKY
GLETSCHER	EXPEDITIOUN
ÄIS	TEMPERATUR

66 - Libri

```
X I A U T E U R L H E M L H
D T H U S R P V O I E W M I
T H S Z W U M I M M E L B S
R P K X G D U F S G A S K T
A G Y I X W T L A C O N E O
G E D I C H A R M V H S H R
I S O A M U Q E M Z D Ä W I
S C C V T Z R L E S R I B S
C H I E R Z I E L E R T H K
H I Y N G X F V Q R A W C I
R C E T L D U A L I T Ä T Y
P H A U U U I N V E N T I V
T T D R K O N T E X T D W L
L I T E R A I R E K G J Q D
```

AUTEUR
AVENTURE
SAMMEL
KONTEXT
DUALITÄT
EPISCH
INVENTIV
LITERAIRE
LIESER

ERZIELER
SÄIT
GEDICH
RELEVANT
ROMAN
SERIE
GESCHICHT
HISTORISK
TRAGISCH

67 - Geografia

```
L V A T I Q E D N N I M Y M
K A T O N T A Y M A B B P E
K F L O S H Ö C H T N M C R
T P A U E L F L B F B C N I
U L S W L Ä V G L I R P H D
L A N D W N M A G W E L T I
O G T R E G I O U N E R N A
S Ü D E N T E H Y P D I G N
T V O V T F R F N R E A L S
A W E S T E N X V X G W Y D
D G H E M I S P H Ä R O B H
N O R D E N D N D K A A R T
K O N T I N E N T A D Q Z U
Q T E R R I T O I R E Q M O
```

HÖCHT	MIER
ATLAS	MERIDIAN
STAD	WELT
KONTINENT	BIERG
HEMISPHÄR	NORDEN
FLOS	WESTEN
INSEL	LAND
BREEDEGRAD	REGIOUN
LÄNGT	SÜDEN
KAART	TERRITOIRE

68 - Cibo #1

```
V T Z N G E M Ë L L E C H T
X K G G Q R K N G R O E T R
S A L A T T F N E W M S V O
M W O T B U L E R M H A U P
Z I T R O N E R Ä D D M J P
H W N G R N E K R B Q K E E
D Q F Z W O S K A C H E N L
S I D D E P C F J R A F B S
Z U C K E R H Z P U R S L P
B A S I L I K U M I S O B I
Ä E R D B I E R O C A S T N
J F J U K N U E W E L E K A
Z B S Q C W V U E W Z I M T
K S T X Z S B I R N E C G B
```

KNUEWELEK	MINZE
BASILIKUM	GERÄR
ZIMT	BIRNE
FLEESCH	TROPPEL
KARROT	SALZ
ËNNER	SPINAT
ÄERDBIER	JUSS
SALAT	TUNN
MËLLECH	KACHEN
ZITRONE	ZUCKER

69 - Aeroplani

```
H I M M E L A D T P H R Y G
A Ö G U P M O T O R W A E I
C K C I R I C H T U N G W W
P F K H P L L E H S O C F A
W E K I T A C O B Z B Z K A
B A L L O N S F T W H K B S
F H E D J D E S I G N V H S
L O F T F U W T A N H T I E
K A X Y I N E I U G É C S R
X G V W E G N G J L I R T S
A T M O S F Ä R I K C E O T
B R E N N S T O F F H W R O
A V E N T U R E M J T Q I F
U T U R B U L E N Z L T E F
```

HÉICHT	RICHTUNG
HÖCHT	OFSTIG
LOFT	CREW
ATMOSFÄR	WAASSERSTOFF
LANDUNG	MOTOR
AVENTURE	BALLON
BRENNSTOFF	PASSAGIER
HIMMEL	PILOT
BAU	HISTORIE
DESIGN	TURBULENZ

70 - Pirati

```
Z G N D I N M V V O G M A A
H I E L L N U B Y G N Ë V N
S B F F H Y Q Z M L P N E E
C I R K O M P A S S A T N R
H I X Y G R U M Z A P E T E
Ä D D H Z V Q Y A K A N U S
T B C S C H W E R T G G R V
Z K A P T A I N J Z E R E P
K D K N C R E W E U I G W C
S E E C H E A N K E R J A K
G X A Y P C P N N G B V Y A
X R B H R A K Q D X O W P A
N A R B E N I N S E L L D R
S C H L E C H T P U Q N D T
```

ANKER	SEECHE
AVENTURE	KAART
ANERE	MËNTEN
KOMPASS	GOLD
KAPTAIN	PAPAGEI
SCHLECHT	GEFOR
NARBEN	RUM
CREW	SCHWERT
HIEL	STRAND
INSEL	SCHÄTZ

71 - Colori

```
V W Z A K D S H W O F S H X
J F Y I W Z F U Ä U U C G J
L O A Z C G R O I N C H X P
U A N I R M R O S A H W B C
B Y W I U E G É S Q S A L Q
G G S C S F W U N P I A O C
B E Y B S O R A N G E R V X
R E F O T F O L P Z E Z M J
O R I X H Q N A F L L T O T
N O L G M O V R V I U G J M
G U Q R E Z P I F M G M C B
T T Y W V A U M N U E I C Z
Y T K D G R R D H B F P E M
V N M A G E N T A P X H F L
```

ORANGE
BEIGE
WÄISS
BLO
ZYAN
FUCHSIE
GIEL
GRO

MAGENTA
BRONG
SCHWAARZ
ROSA
ROUT
GRÉNG
MOV

72 - Spiaggia

```
Y  K  S  J  M  D  S  A  N  D  B  N  Z  Z
J  D  Z  V  D  Q  A  V  E  S  O  N  N  W
M  I  E  R  Y  X  N  A  A  E  O  O  Q  M
K  R  A  B  B  E  D  K  K  Z  T  T  N  N
Ü  S  I  S  V  K  A  A  K  L  Q  P  H  X
S  C  R  F  L  T  L  N  M  O  Z  E  A  N
T  H  N  B  F  Q  E  Z  L  M  J  Q  K  Y
B  E  V  Q  Q  P  R  Q  B  A  X  G  M  I
P  N  A  T  P  W  S  F  W  L  G  W  Y  U
H  A  N  D  D  U  C  H  S  G  O  U  B  P
I  N  S  E  L  L  K  P  O  F  I  P  N  G
E  A  K  T  V  L  N  F  L  P  P  O  M  M
S  E  G  E  L  B  O  O  T  H  P  X  Q  P
G  A  K  O  D  K  Q  T  B  R  H  E  A  Q
```

HANDDUCH	MIER
BOOT	OZEAN
SEGELBOOT	DIRSCHEN
BLO	SAND
KÜST	SANDALE
KRABBE	RIFF
INSEL	SONN
LAGUN	VAKANZ

73 - Avventura

```
V Z V D G K F G S V L C F O
G I A B F K M P N W P V R N
E L R O G D Y D L O C S Ë G
F K R B H T I S X W I C N E
F Q I M E C H A N C E H N W
E N A T U R N F E D O Ä L É
R I O J J K E E I T Y F G I
A W W V X A L E L P H F F N
V I U D Y O B G D T N E R L
V S Y R A U S F L U G A E E
S C H O O N H E I D N B E C
A K T I V I T É I T Z G D H
S C H W I E R I G K E I T I
L Ë T Z E B U E R G B J F I
```

FRËNN   ONGEWÉINLECH
AKTIVITÉIT   SCHÄFFE
SCHOONHEID   NATUR
CHANCE   LËTZEBUERG
ZIL   NEI
SCHWIERIGKEIT   GEFFER
AUSFLUG   VIRBEREEDUNG
FREED   SAFE

74 - Forme

```
H D Z E U K C W J K E A Z A
H Y D R I E E K E L L L Y S
F W P R U G E O P Q L L L A
B Z O E S E R X M W I U I R
L N L C R L Y I E D P L N K
G S Y H W B N P G K S V D A
K S G T C C E G A S R O E N
U T O E O V A L M A Ä E R T
R K N C L I N N I R E I E E
V Y A K P J Y H N C R K T S
Z D X A E V L R X P E P T M
E I T Y C P R I S M A W P D
J P K O K F D G H L K C V A
U P B K E M Q Y D Y U Z Q O
```

ECK   HYPERBEL
ARC   SÄIT
KANTE   LINN
KREES   OVAL
ZYLINDER   POLYGON
KEGEL   PRISMA
MEGAMINX   RECHTECK
KURV   DRIEEKEL
ELLIPS

75 - Oceano

```
S R O E B B O H W N X R H L
C Y U Y X O P S A L Z I G Z
H U V B H O M T L I K F T W
W L U H S T U R M A O F L W
A U W D E L P H I N R M V Q
M W G E Z Ä I T E N A F U K
Z T A A L K Q U A L L E E D
X T R H L L R P X O L U U I
T U N N D J E A T V E A Z W
U L E Y J O V N B F N U T H
F X L K R A K E H B D S D O
T G E Q L Q E C V A E T X V
F I S C H H R M R T X E C K
D E C K E L S M O U K R A D
```

AAL	AUSTER
WAL	FISCH
BOOT	KRAKE
KORALLEN	SALZ
DELPHIN	RIFF
GARNELE	SCHWAMZ
KRABBE	HAI
GEZÄITEN	DECKELSMOUK
QUALLE	STURM
WELLEN	TUNN

76 - Famiglia

```
C Q T I B E Z Q G H K P F F
N J K E O N U P G M A N N R
G S C H W Ë S T E R N A E A
B R U D D E R G Y L D K M H
V K O S E N G Y L B H S Ü S
M I D U E C H T E R E V T G
Z H R Y S A M A M M E Ä T X
W G O F A S B N T A T T E Z
K A N D A B P T V L I E R L
E N K E L H K A N N E R L P
E E E B A Y R C P Z J L I A
V V L O Z Z U E A P B I C P
J E B M N T G H B U P C H P
K U H I A Q H P Y Y V H L Z
```

VIRFAHRE	FRA
KANNER	NEVEU
KAND	ENKEL
KOSENG	BOMI
DUECHTER	GROUSSPAPP
BRUDDER	PAPP
KANDHEET	VÄTERLICH
MAMM	SCHWËSTER
MANN	TANT
MÜTTERLICH	ONKEL

77 - Veicoli

```
H B D W T P R T V J B R Q M
K E F P Z Y O M Z E Z O M N
R V L C R T L M U U E U O C
A Ë É I A W L I C T T L T T
N L I T K R E R H R R O O G
K K E W É O R C O U A T R G
E E R A I W P Z U C K T L S
N R X A T V N T D K T E U E
W U B U S Q E U E T O N C R
A N U T D Y U Q S R R D E E
G G N O S A E F M L E S R I
E E N Y L E N C U P O L S K
N I E W E R O L L Y S Y D A
W J P U Q Y S J O S G P S K
```

FLÉIER	PNEUEN
KRANKENWAGEN	RAKÉIT
AUTO	ROLLER
BUS	BOOT
VEEL	NIEWEROLL
TRUCKT	BEVËLKERUNG
ROULOTTEN	TRAKTOR
HELIKOPTER	ZUCH
BUNN	DEE
MOTOR	

78 - Emozioni

```
Z E F R I D D E N T K X X X
Q Ä M D Y V J Q G Ä R E N K
L E I E L I Q K J Ë P D G X
T Ë I T W L B P W U T H C A
L W S L T R P M F D N T F Q
Z J A C M S Y M P A T H I E
C P X O H J C K B N R Z W A
J J P X J T D R E K A Q H X
T B U J N S R D B B U T T R
F Ä S C H T U L I A E T Z O
R U A Y R C F R H A R E L U
E Z K G B C K D F R I D D E
E S C Y Y A B W G X O B D G
D X U W H I J E A K H G N P
```

GÄREN
ROUEG
GËTT
FREED
DANKBAAR
LËSCHT
FRIDDE

ÄSCHT
WUT
SYMPATHIE
ZEFRIDDEN
ZÄITT
TRAUER

79 - Natura

```
B L Ë T T P X Z P T Z S E F
E R B R Q V F I H R A C N S
I P H A W Ë L L T O E H T J
E H N E A H O F Q P S O S U
N G L F L N S Z V I F O C Y
T L H N D L I V E S C N H R
N A E A E O E W T K V H E S
R Z I H R E R G W M T E E W
L I T O O K F S T E F I D Q
J E E K S E T U D U L D E P
X R R S I D É I E R M G N M
C K M X O B T L S V B E D V
C C S B U W O L K E N P C W
X F Q C N D Y N A M I S C H
```

DÉIER   WALD
BEIEN   GLAZIER
ARKTIS   NIWWEL
SCHOONHEID   WOLKEN
STE   HELLEGTUM
DYNAMISCH   WËLLT
EROSIOUN   HEITER
FLOS   TROPISK
BLËTT   ENTSCHEEDEND

80 - Balletto

```
G O B R C C X D A G T Z E T
Q E G J H U L C H T L Q G D
T N S K O M P O N I S T L J
M H U T R Z E P H S U G T Y
U V N Z E R N P U B L I C A
S D C O O O R C H E S T E R
I T A B G R F Ä E G K E E T
K E I D R H T K I L M P V I
A K R L A Y X E B T Z V N S
F N C Q P T A X S Y U E N T
M I L L H H C V N F L M G I
H K V D I M U S K E L E N K
C K N M E U K R Ä I S C H E
I N T E N S I T É I T A H N
```

FÄEGKEET
ARTISTIK
NZERN
KOMPONIST.
CHOREOGRAPHIE
KRÄISCHE
GESTE
INTENSITÉIT

MUSKELEN
MUSIK
ORCHESTER
PUBLIC
RHYTHMUS
STIL
TEKNIKK

81 - Castelli

```
A N I G R E I C H F F V C H
D L D Y N A S T I E T Q I E
E D L Z M H P P I U N R C I
L F P B E W G X X D T U K E
P N Ä R E C S U P A L A S S
R F E U Ë W R Y O L Z E H H
I K R O U N A I R Ä I C H T
N F D U L J Z F T I T U R M
S C H Ë L D D K F T U N Y A
E S C H W E R T S N E Q W U
S C T O S O A Q T K U R Q E
S N P X J R A S V R K N J R
E R I S B E K G T Y O C G C
K A T A P U L T G X L V E O
```

ALLBEWAFFNUNG
KATAPULT
RITTER
PÄERD
KROUN
DYNASTIE
DRAAK
FEUDAL
RÄICH

ADEL
PALASS
MAUER
PRËNZ
PRINSESSE
NIGREICH
SCHËLD
SCHWERT
TURM

82 - Campionato

```
S D G Z R O Q M E D A I L G
S T E A M M J V C M A N X E
T C R C H A M P I O N N A T
R R H A A F O N I T C Q L O
A F P W T Q O U D I H U A U
I E V A E E P E R V A W T R
N I E A L I G A E A M P K N
E G M T W N S I H T P O M O
R I C H T E R S E I I B O I
E H V H C H A I F O O G W S
G J U N R Q A G D U N W O P
N I L V J Y F W C N N P M O
E P M L E E S C H T U N G R
R C W V I C T O I R E N Y T
```

TRAINER
CHAMPIONNAT
CHAMPION
REGNER
MVP
RICHTER
LIGA
MEDAIL

MOTIVATIOUN
LEESCHTUNG
SPORT
TEAM
STRATEGIE
SCHWEISS
TOURNOI
VICTOIRE

83 - Foresta Pluviale

```
Y  E  R  A  W  Ë  S  C  H  T  U  L  U  A
V  A  E  E  M  O  O  S  V  U  E  L  G  T
S  H  S  D  F  P  G  U  V  O  V  H  E  O
A  I  T  S  I  E  H  P  J  E  Q  G  T  R
L  J  A  C  W  V  R  I  X  L  Y  R  I  H
Z  P  U  E  W  Y  E  E  B  Y  C  I  E  Z
G  Q  R  N  E  E  S  R  N  I  V  M  R  U
Q  Y  A  T  R  C  P  O  S  Z  E  T  E  F
L  M  T  M  L  Q  E  U  G  I  E  K  N  L
Z  L  I  J  I  N  K  U  E  H  T  N  I  U
Ä  L  O  N  E  R  T  N  M  B  T  É  U  C
R  T  U  Y  W  P  Y  J  E  V  L  C  I  H
E  I  N  S  E  K  T  E  N  A  T  U  R  T
W  O  L  K  E  N  N  Z  G  K  L  I  M  A
```

AMPHIBIE	WOLKEN
ZÄRE	REFERENZEN
KLIMA	WËSCHT
GEMENG	RESTAURATIOUN
DIVERSITÉIT	ZUFLUCHT
INSEKTEN	RESPEKT
UGETIEREN	IWWERLIEWE
MOOS	VUEL
NATUR	

84 - Edifici

```
T P O J C G A S C H L O S F
U V P L A B O R A T O I R E
R S S T A D I O N B K T T Y
M U P K Z X H G K B A M E U
T P A I N M H U S U B U R L
H E M N D X F U J K I S K L
E R B O Q O H U Z R N E O K
A M A H H Q L G G E N U F H
T A S S H O S T E L L M S N
E R S C H E U N E C W T C Y
R K Y Q V F A B R I E K H P
C T W Y N G X C A N R U O K
A P P A R T E M E N T Z U Z
O B S E R V A T I O U N L M
```

AMBASSY
APPARTEMENT
KABINN
SCHLOS
KINO
FABRIEK
SCHEUNE
HOTEL
LABORATOIRE
MUSEUM

SPIDOL
OBSERVATIOUN
HOSTEL
SCHOUL
STADION
SUPERMARKT
THEATER
ZELT
TURM

85 - Paesi #2

```
S  G  R  I  I  C  H  E  L  A  N  D  U  A
P  Y  Ä  G  W  S  O  M  A  L  I  A  K  G
P  A  R  T  I  P  V  S  O  B  A  D  R  E
S  F  K  I  H  H  O  K  S  A  K  Y  A  L
Q  L  L  I  E  I  R  L  A  N  D  E  I  O
Q  F  B  D  S  N  O  Y  U  I  G  U  N  G
U  G  N  V  V  T  R  P  S  E  W  G  Y  G
F  N  R  S  U  D  A  N  I  N  I  A  Q  T
N  I  G  E  R  I  A  N  T  E  U  N  L  U
E  H  A  Ï  T  I  M  C  D  P  N  A  J  N
M  E  X  I  K  O  J  A  M  A  I  K  A  D
A  Y  B  G  X  K  D  F  W  L  C  S  P  X
R  U  S  S  L  A  N  D  R  W  P  C  A  H
K  A  G  G  T  V  W  B  P  R  B  B  N  Z
```

ALBANIEN	MEXIKO
NEMARK	NEPAL
ÄTHIOPIEN	NIGERIA
JAMAIKA	PAKISTAN
JAPAN	RUSSLAND
GRIICHELAND	SYRIEN
HAÏTI	SOMALIA
AGELOGGT	SUDAN
IRLAND	UKRAIN
LAOS	UGANA

86 - Tipi di Capelli

```
M F A Y F Z J I R M D M O B
C S L C O K V K L K U E A Y
U C C B F U C L O M N O C A
Y H O F L R U O B R O N G K
I N X Y E L R G L A T S M N
M Ë L L C E L S O C E L R M
D T A U H N E Y N A S P O Y
X T N C T X G V D J C X K Z
O F G M E P Q I Ë S H N S X
O V F L N X S G N K W L W D
D R Ë C H T O R N S A G O J
W Ä I S S I U O B R A H N W
G E S O N D C R V X R D L Z
P I R T M R E V E H Z C S S
```

DRËCHT
WÄISS
BLOND
KORT
KAHL
GRO
FLECHTEN
GLAT
SCHNËTT

LANG
BRONG
MËLL
SCHWAARZ
CURLEG
KURLEN
GESOND
DËNN
DECK

87 - Vestiti

```
S  T  S  C  H  O  R  T  T  J  R  P  J  Q
C  M  A  N  T  E  L  Z  S  A  G  U  T  Y
H  K  N  B  S  W  A  G  H  C  Z  L  G  M
L  Q  D  Z  L  C  P  Q  I  K  C  L  E  K
A  M  A  T  U  U  H  R  R  E  R  O  K  X
F  D  L  D  M  M  S  A  T  T  F  V  L  G
A  S  E  H  C  G  R  E  L  A  I  E  E  K
N  F  C  E  I  N  T  U  R  E  A  R  I  P
Z  E  D  H  J  E  K  M  O  D  E  E  D  I
U  J  E  U  O  J  G  A  C  B  O  X  P  H
G  T  Y  E  J  E  A  N  K  K  E  T  T  E
X  M  P  T  S  L  N  A  R  M  B  A  N  D
H  A  N  D  S  C  H  U  H  O  M  F  A  W
O  I  F  Q  T  Z  N  C  O  N  B  U  N  H
```

KLEID	SCHORT
ARMBAND	HANDSCHUH
BLUSE	JEAN
T-SHIRT	PULLOVERE
HUET	MODE
MANTEL	BOX
CEINTURE	SCHLAFANZUG
KETTE	SANDALE
JACKE	SCHOEN
ROCK	SCHAL

88 - Attività e Tempo Libero

```
C A M P I N G S P L A Z H V
F W Y C B O X E B R E F J C
T U E Q A J C D A G M Y R T
E K S I S M E A S U R F E N
N O C S E X R U K O V W L O
N N H C B R E E G O M A U
I S E H A U E R T O L I X P
S C M W L W S N Q L L G E G
P H A A L W X X F F E A N E
L T G M W H H O Q P Y R U E
A S N M X H L V H L B D R A
T S I E O Y S J N A A E G P
Z X F N G E V B Z T L N U B
P Z D F X B I G Y Z L K R X
```

KONSCHT	DAUER
BASEBALL	SCHWAMMEN
BASKET	VOLLEYBALL
BOX	SCHEMA
FUSSBUS	RELAXEN
CAMPINGSPLAZ	SURFEN
WEIEREN	TENNISPLATZ
GARDEN	REES
GOLFPLATZ	

89 - Tecnologia

```
Y O A C X O U K B Y E J J S
É Y Z N V K F O G L F B P O
C U R S O R H Z Z K O C B F
R C T H T K O U F F B G R T
A O C O M A G L H X Y R O W
N M N M R M T F W W T K W A
M P M E I E I I R R E V S R
W U W P M R Z K S E L F E E
G T J A D A D Q V T W Y R V
Y E F G C Y F A L B I M A I
C R V E H B L C T Y W K E R
I N T E R N E T H E C T Z U
F C U D A T E I Q U Z X J S
H R A F D I G I T A L T E B
```

BLOG
BROWSER
BYTE
COMPUTER
CURSOR
DATE
DIGITAL
DATEI

INTERNET
HOMEPAGE.
ÉCRAN
SOFTWARE
STATISTIK
KAMERA
MEI
VIRUS

90 - Arte

```
A R D Y R H L Q H Y S V É Y
U H E R A W S H A L O I I N
S F D H A J D V V S O S S X
D O Q C M V X D F U S U C A
R V K S H I O I M P T E H F
O E V C B P Q R J G E L T G
C K E R A M I S C H M L H R
K L O R I G I N A L N O E A
Q S Y M B O L V F J I R M V
O L M F P O Ë S I E N S A E
J B S K U L P T U R G P R U
H C L H X A E Y T A N D O R
N Q C P B S L X M C B D B R
I N S P I R É I E R T A J Q
```

KERAMISCH   SKULPTUR
KOMPLEX   SYMBOL
AUSDROCK   THEMA
INSPIRÉIERT   GRAVEUR.
ÉISCHT   STEMNING
ORIGINAL   VISUELL
POËSIE

91 - Meteo

```
O  K  K  O  H  W  A  N  D  D  X  H  T  R
P  J  H  D  I  G  O  A  W  Ü  V  U  R  E
S  T  U  R  M  P  O  L  A  R  L  R  O  E
N  E  T  Ë  M  K  R  J  K  R  C  R  P  B
M  M  F  C  E  A  P  C  O  E  G  I  I  O
O  P  U  H  L  Z  J  B  S  B  N  C  S  U
N  E  A  T  M  O  S  F  Ä  R  I  A  K  Y
S  R  F  O  Ä  I  S  T  Y  P  W  N  F  E
U  A  L  R  B  L  Ë  T  T  O  W  W  E  C
N  T  R  N  P  E  U  F  M  G  E  B  A  D
H  U  I  A  T  E  U  M  L  Q  L  R  X  A
W  R  Y  D  I  K  L  I  M  A  J  I  S  G
G  X  D  O  N  N  E  R  P  K  M  S  L  K
Z  T  D  E  U  Q  J  Z  R  G  M  E  N  H
```

REEBOU	WOLKEN
DRËCHT	POLAR
ATMOSFÄR	DÜRRE
BRISE	TEMPERATUR
HIMMEL	STURM
KLIMA	TORNADO
BLËTT	TROPISK
ÄIS	DONNER
MONSUN	HURRICAN
NIWWEL	WAND

92 - Corpo Umano

```
Y W F P O F N K G G D W B F
G D N A Z W X I E L E B O U
E E U K N E U S S H I L I V
E A H N S G B H I J W U N L
M R Ä I W C E N C S W T Y K
E W R E E T H R H A U T I K
R T Z J Y R A O T E A X A C
K Ë N N R A N Y L X N E F O
U J N W P M D D M L K A P P
M O N D V Y Q K O U E R A U
H A L S L N Y K A I E R Q B
V D V U N B M W E F L E B Y
V C O G S E X O B Y F Y Z X
I F C T U E O S O U J T I O
```

MOND   HAND
ANKEEL   KËNN
GEHIER   NEUS
HALS   OUER
HÄRZ   HAUT
FANGER   BLUT
GESICHT   SCHOLLER
BEE   MO
KNIE   KAPP
IELEBOU

93 - Mammiferi

```
D A K N Q M T N C L T K K V
G E B Ä R E N C G Z E B R A
S T L O S L M K O J O T E I
L B T P C M S Ä R P Ä E R D
R V V J H L W N I D H N U K
U W Y H A I X G L V E C Y Y
E A F G F F N U L S R I X H
E L E F A N T R A S D E E Q
I T Q T G R W U H O N D Y R
I E B A L I Z F W K A Z P V
R H U E T I R L O U W V H T
Y E L Q R B W A L I H G T A
K K L N F Y U U F U C H S A
I M K L B T B Q I F G P L M
```

WAL	GIRAFF
HOND	GORILLA
KÄNGURU	LOUW
PÄERD	WOLF
DEIER	GEBÄREN
HUET	SCHAF
KOJOTE	AF
DELPHIN	BULL
ELEFANT	FUCHS
KAZ	ZEBRA

94 - Arrampicata

```
A D R X K H O K A A R T R S
S U L U L L Ö P R H I E L T
M A S D S J J C X A E N A A
W T R B L E S C H T F G O B
F M T X I J G E F T C T K I
W O S R D L N E U G I E R L
C S B H A N D S C H U H W I
D F K E O U V U H U N X E T
O Ä Z L J A S Y N H Q T I É
O R T M Y Y X A Y G I M E I
S T I W W E L E E X P E R T
G D X T F Z O V L C X G E V
U O A B B X J O T K L L N U
I Q J C F B K G Z W A J J M
```

HÖCHT
ATMOSFÄR
HELM
NEUGIER
WEIEREN
EXPERT
AUSBILDUNG
KRAFT

HIEL
HANDSCHUH
BLESCHT
KAART
STABILITÉIT
STIWWELE
ENG

95 - Animali Domestici

```
O T M P U E U W P C V Z H L
S D A C L T B H A L F O I S
C E T Y T Q J O P A I X V S
H C C O K C W N A C S U H O
W K X F A I I D G E C S W A
Ä E K H A M S T E R H E E C
I L K K O H Q P I T K R L R
F S G H A K P K P A T L P T
V M A U S Z Q K R A C H T G
O O V F H U E T U L H G B E
W U Q A K Ä T Z C H E N J E
Y K A Z L K O U E F S X C S
Z Q D M Z P A J R W J A J S
G B B E T I E R A R Z T S N
```

WAASSER	KÄTZCHEN
HOND	KAZ
GEESS	LACERTA
MAT	KOU
SCHWÄIF	PAPAGEI
KRACHT	FISCH
HUET	DECKELSMOUK
HAMSTER	MAUS
VALPE	TIERARZT

96 - Cucina

```
G J N I D B Y W N Z J P S F
S C H O U L A L N U J C N R
C C U P R P V C G R I L L I
H M H H D M G L K F X K U E
W A E O C R X Ë S O J S R Z
A T T S R H O S T R F R F E
M A C W S T N C Ä K R E A R
Z U I B S E I H B Z I S N X
K E T T E L R E C X G C A B
R O D O R K Z N H T O H O X
K R O U V U E X E T E T B U
R A U M I P N B N L N N N D
X H F I C L J H K S R B I H
Y P E J E Q C G U M I A R U
```

STÄBCHEN   BACKOFEN
KETTEL   FRIGOEN
KROU   SCHORT
MAT   GRILL
SCHOUL   RESCHT
MESSER   RZEN
FRIEZER   SCHWAMZ
LËSCHEN   CUP
FORK   SERVICE

97 - Vacanze #2

```
V N L N K A A R T J W A B K
V I S A P U X G K W U A U C
J E G L Z S L F A Y G I R E
Q W X I Z L Q L S H A D M F
M E Z N I Ä H U S T F H U K
E R Q S L N T C Z M R G X N
H O T E L N L H U I É A L E
U L F L L E P H S E I N N R
Z L S T L R X A F R S K A D
H P D F T Y X F S D C S E Q
Z U C H M D R E I S H V Z J
D G T V E F E N N X T I E K
T R A N S P O R T Y C O L H
C A M P I N G S P L A Z T W
```

FLUCHHAFEN	AUSLÄNNER
CAMPINGSPLAZ	NIEWEROLL
ZIL	FRÉISCHT
HOTEL	ZELT
INSEL	TRANSPORT
KAART	ZUCH
MIER	REIS
PASS	VISA
STRAND	

98 - Attività

```
L W Z S R Y K F M Q Q D R H
F F L E I S O G B M D H E A
G Ä S H E I N Ä H A L Y L N
Y T E C K S S Q O K I F A D
G M A G I S C H C T E O X W
S A Q R K S H O X I S T A I
S R L Z B E T V F V E O T E
F C Z I B U E V A I N G I R
J H H G X C E T J T S R O K
C A W E I E R E N É Z A U E
R O C Z M V P H O I M F N R
N Y W H M A O R U T V I K M
O V G J T Y Z G A R D E N T
C A M P I N G S P L A Z H N
```

FÄEGKEET

KONSCHT

HANDWIERKER

AKTIVITÉIT

JACHT

CAMPINGSPLAZ

NÄH

WEIEREN

FOTOGRAFIE

GARDEN

MVP

LIESEN

MAGISCH

SCHEMA

FLEIS

RELAXATIOUN

99 - Forniture Artistiche

```
S B N P X B P P B S A B A W
T L I M C R W A A S S E R A
A E E P T A M C P Z J J B S
F I W X I D E E N I S O Ë S
F S E K N I H H U V E F S E
E T F Q T E T A B E L R C R
L I L A E R U E S V X A H F
E F Ë M K G L E B M K A T A
I T S J Y U J B L S P R F R
V E S J C M C A X E N J C B
K T V S Q M G H T G G M Q E
K R E A T I V I T É I T I H
L E I M K K A M E R A X Z L
O A C R Y L S K I U J Z B V
```

WAASSER
WASSERFARBE
ACRYL
NIEWEFLËSS
PAPIER
STAFFELEI
LEIM
KREATIVITÉIT
RADIERGUMMI

IDEEN
TINTE
BLEISTIFTE
UELEG
HL
BËSCHT
TABEL
KAMERA

100 - Misurazioni

```
G  G  L  I  K  M  Q  D  H  B  M  P  J  S
E  R  N  Y  I  G  B  Y  E  É  I  D  P  V
W  A  V  B  L  W  O  Q  W  Z  I  D  J  G
I  D  J  Z  O  S  W  O  E  M  I  C  D  O
C  G  I  B  G  F  J  M  A  S  S  M  H  F
H  D  K  G  R  A  M  M  B  T  K  I  A  T
T  É  I  K  A  E  B  J  Y  K  S  N  B  L
R  I  L  I  M  M  E  H  T  S  A  U  D  Ä
I  F  O  H  M  G  C  T  E  U  R  T  M  N
Z  T  M  A  W  I  U  W  N  N  P  T  I  G
O  L  E  Z  E  N  T  I  M  E  T  E  R  T
L  I  T  E  R  L  O  V  H  O  F  B  F  B
L  D  E  Q  X  B  N  M  S  N  C  I  M  A
D  F  R  O  E  U  N  C  U  Z  K  S  O  X
```

HÉICHT
BYTE
ZENTIMETER
KILOGRAMM
KILOMETER
DEZIMAL
GRAD
GRAMM
BREET

LITER
LÄNGT
MASS
MINUTT
ONZ
GEWICHT
ZOLL
DÉIFT
TONN

1 - Scacchi

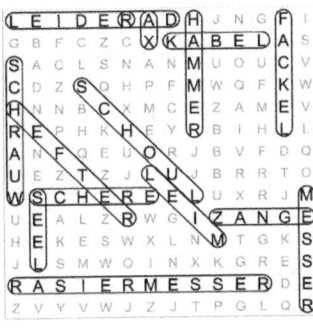

2 - Strumenti

3 - Aggettivi #2

4 - Pesca

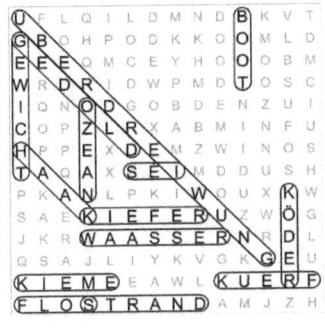

5 - Aggettivi #1

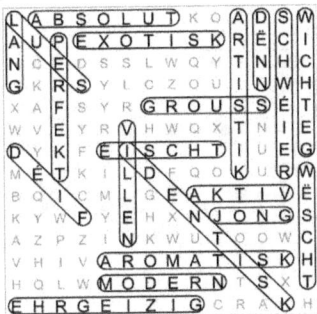

6 - Geologia

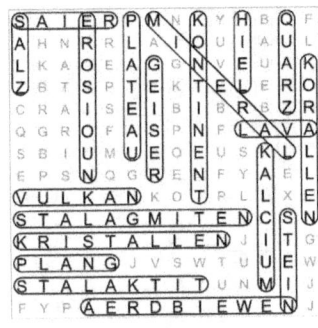

7 - Campeggio

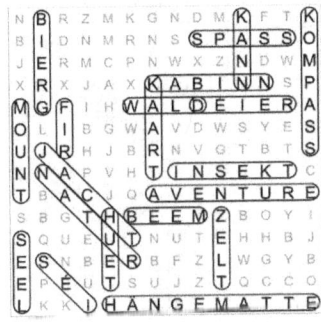

8 - Arti Visive

9 - Esplorazione

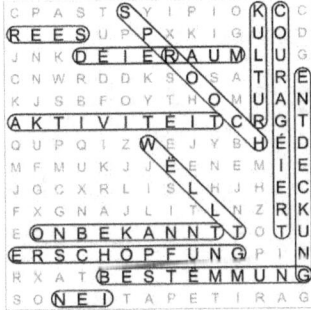

10 - Tempo

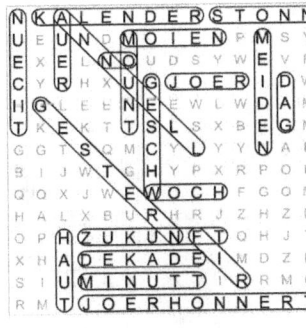

11 - Autunno

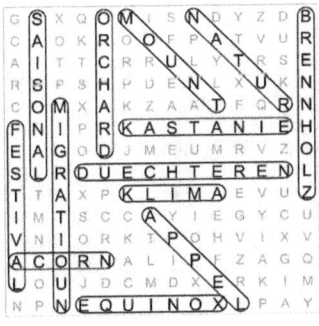

12 - Astronomia

13 - Circo

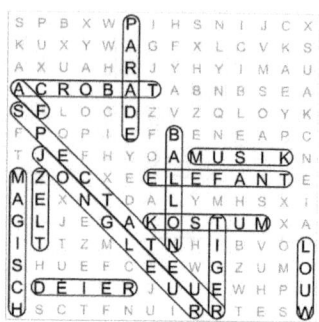

14 - Mitologia

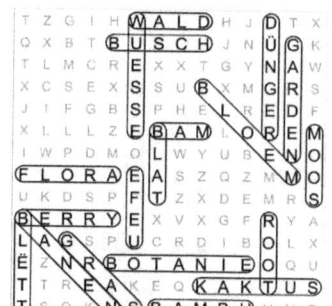

15 - Piante

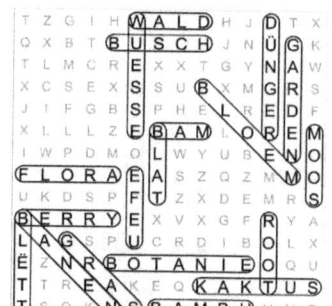

16 - Spezie

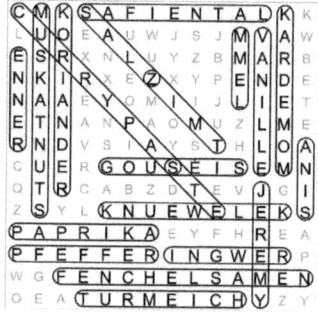

17 - Numeri

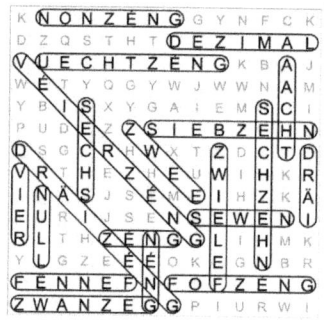

18 - Cioccolato

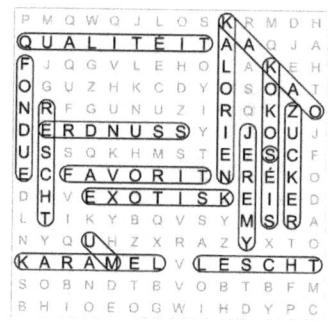

19 - Guida

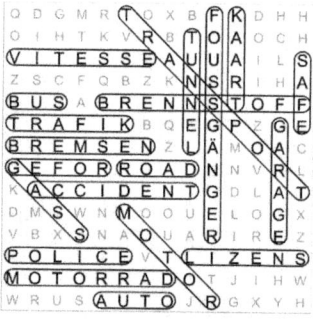

20 - Sport

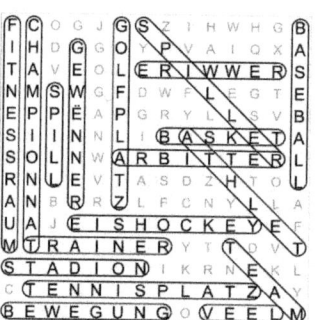

21 - Giocattoli

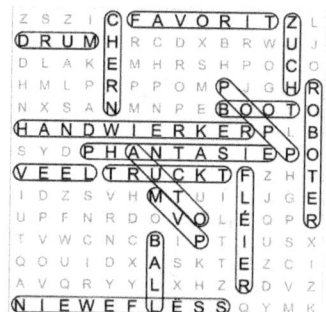

22 - Strumenti di Cottura

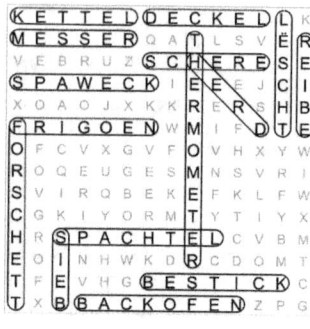

23 - Uccelli

24 - Giorni e Mesi

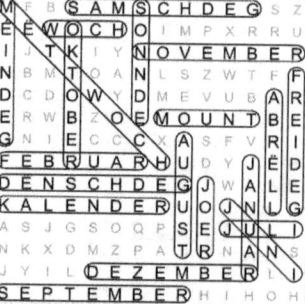

25 - Casa

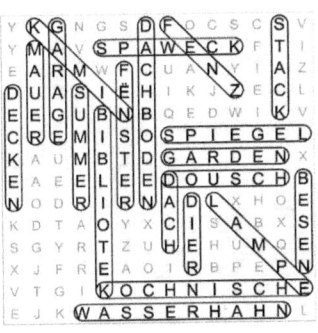

26 - Ristorante #1

27 - Fantascienza

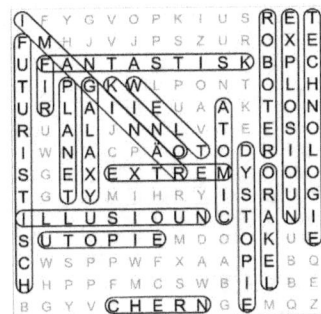

28 - Città

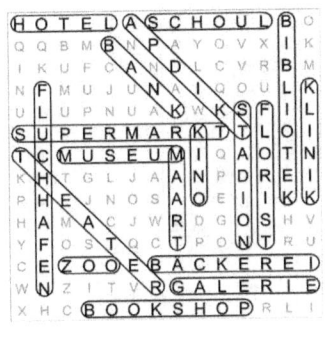

29 - Virtù #1

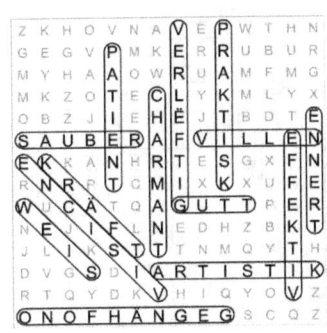

30 - Compleanno

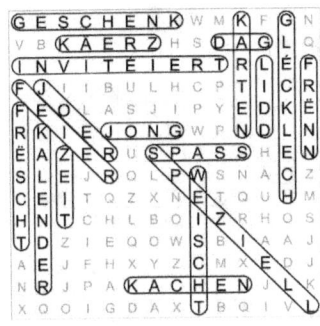

31 - Fattoria #1

32 - Paesaggi

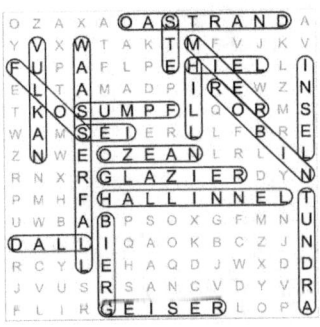

33 - Ristorante #2

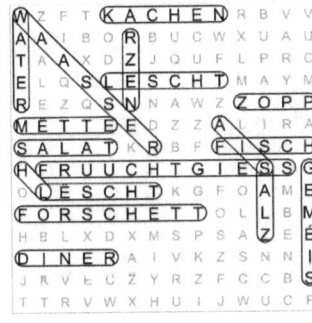

34 - Giardino

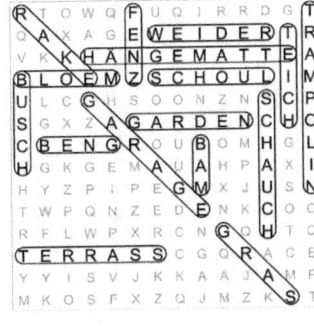

35 - Frutta

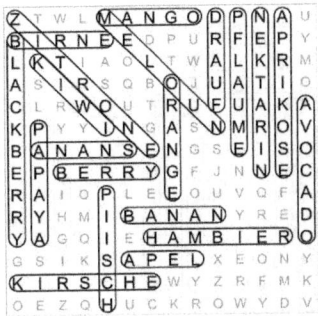

36 - Fattoria #2

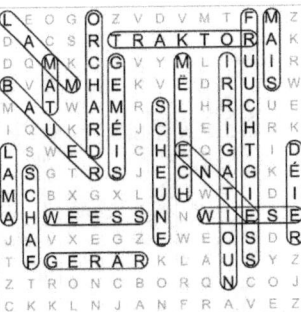

37 - Dinosauri

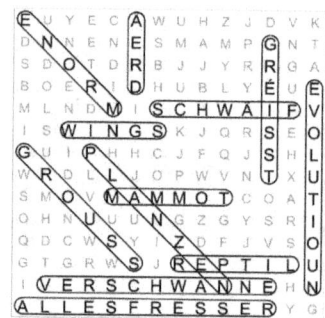

38 - Verdure

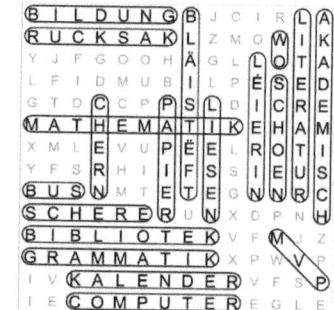

39 - Scuola #2

40 - Barbecue

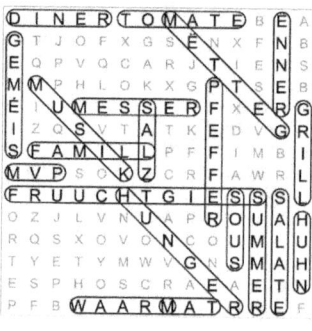

41 - Insetti

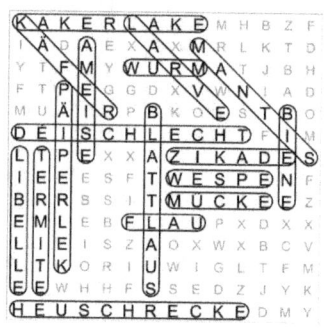

42 - Erboristeria

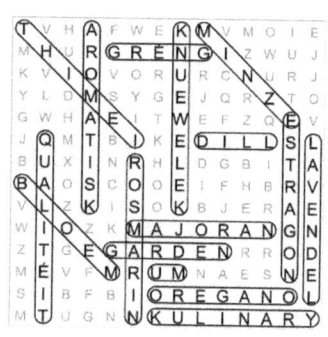

43 - Danza

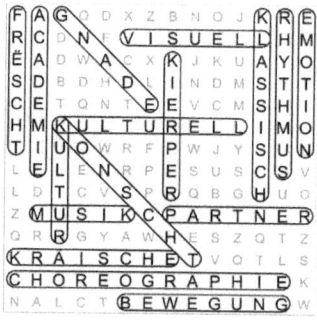

44 - Scuola #1

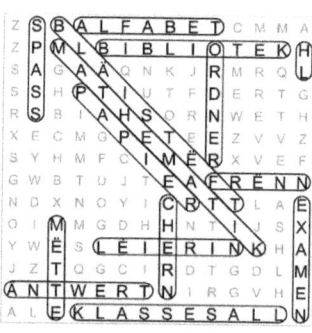

45 - Fiori

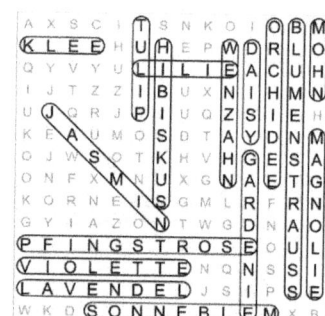

46 - Ecologia

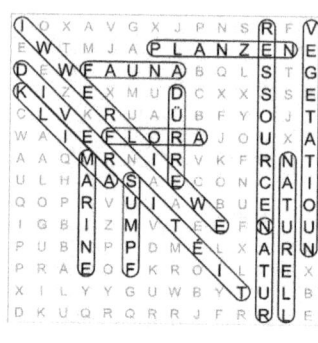

47 - Discipline Scientifiche

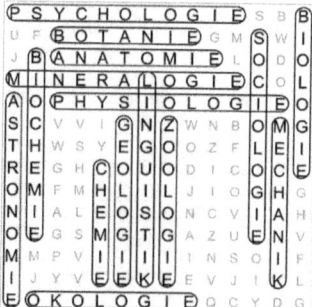

48 - Scienza

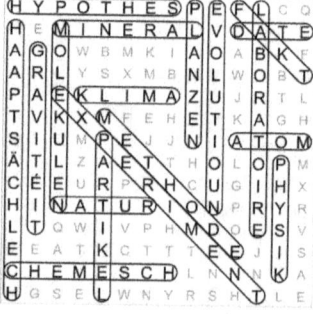

49 - Acqua

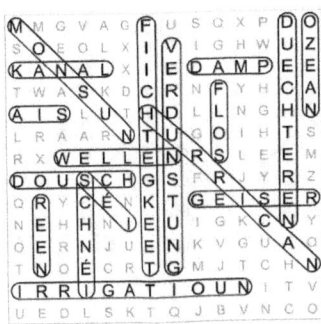

50 - Surf

51 - Imbarcazioni

52 - Api

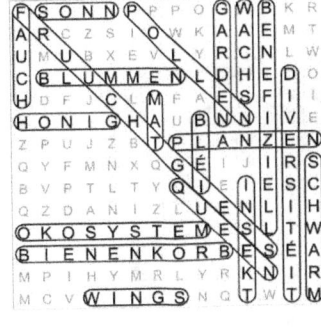

53 - Strumenti Musicali

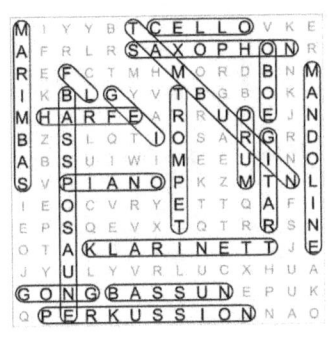

54 - Professioni #2

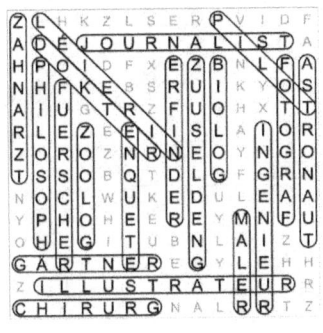

55 - Letteratura

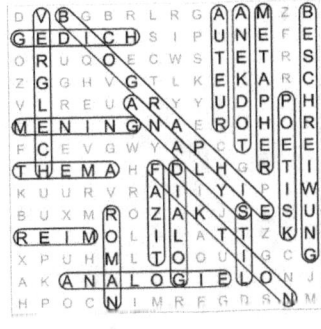

56 - Cibo #2

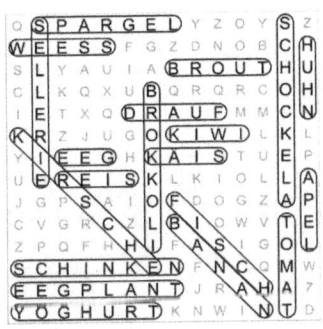

57 - Nutrizione

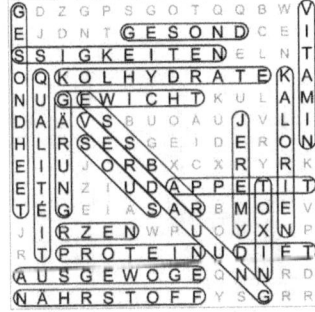

58 - Matematica

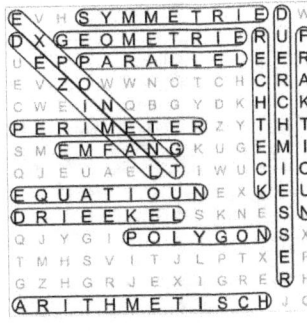

59 - Vacanza #1

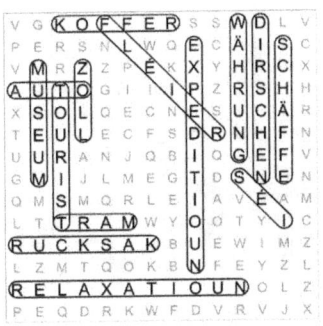

60 - Bagno

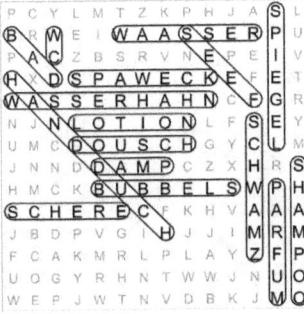

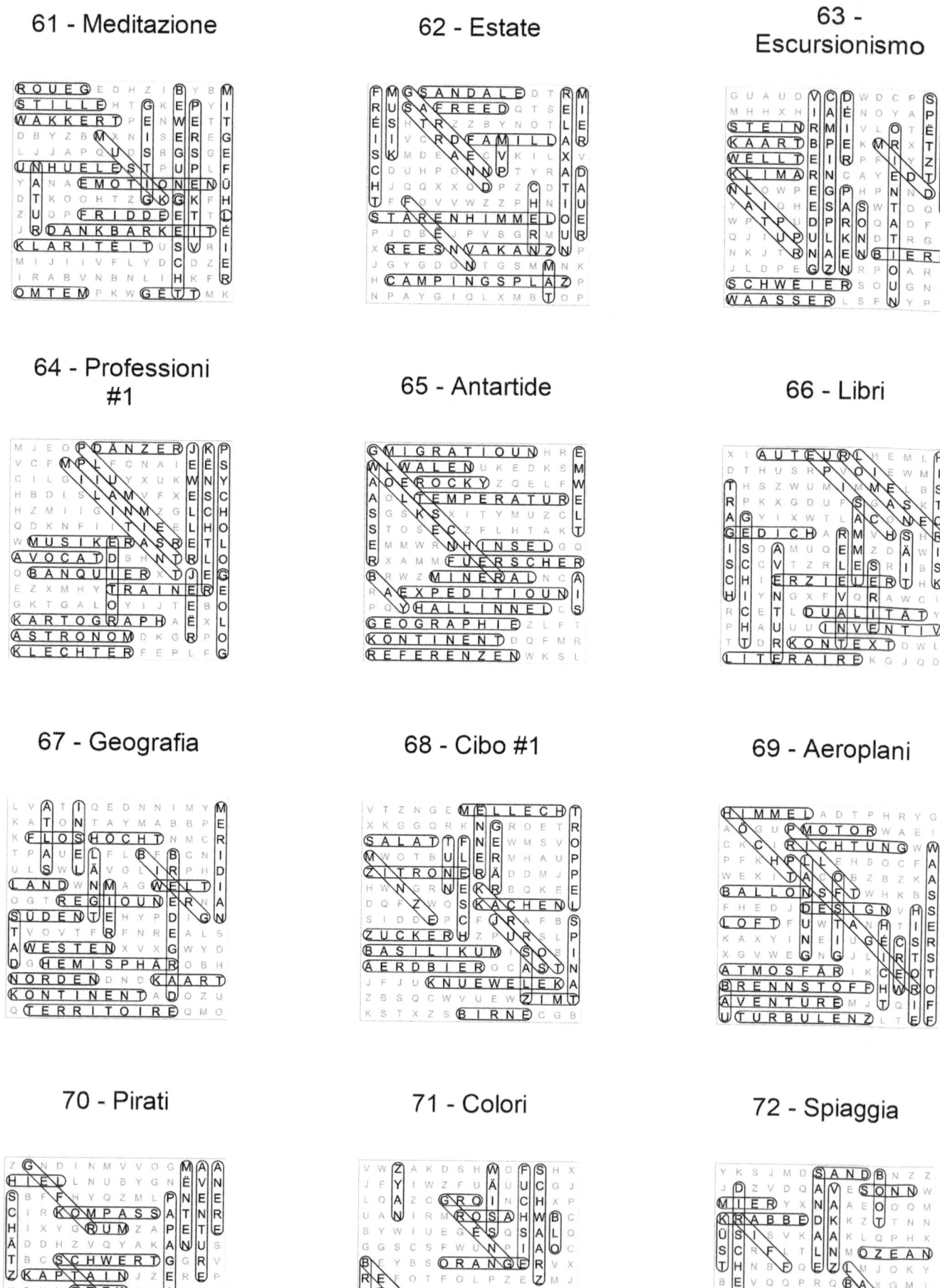

61 - Meditazione

62 - Estate

63 - Escursionismo

64 - Professioni #1

65 - Antartide

66 - Libri

67 - Geografia

68 - Cibo #1

69 - Aeroplani

70 - Pirati

71 - Colori

72 - Spiaggia

73 - Avventura

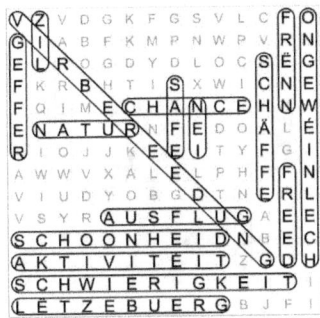

74 - Forme

75 - Oceano

76 - Famiglia

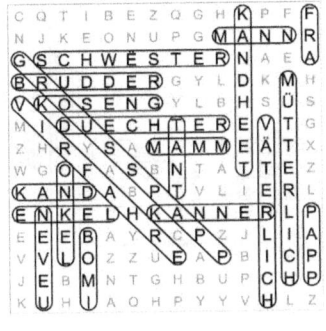

77 - Veicoli

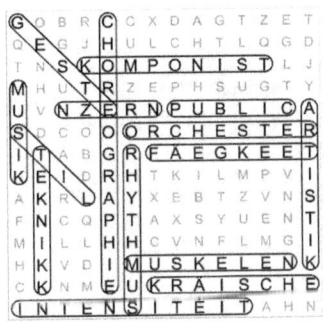

78 - Emozioni

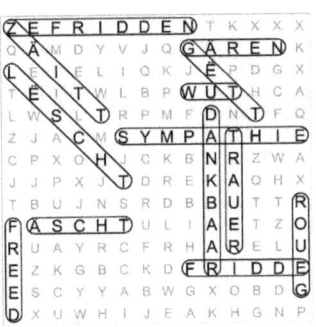

79 - Natura

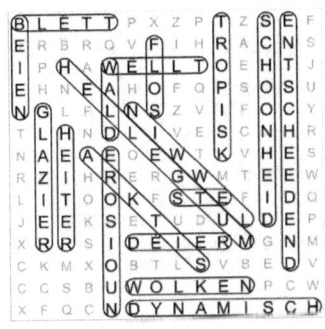

80 - Balletto

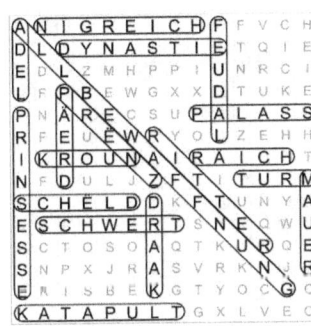

81 - Castelli

82 - Campionato

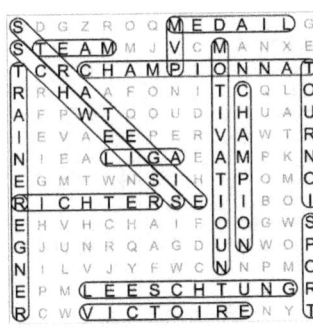

83 - Foresta Pluviale

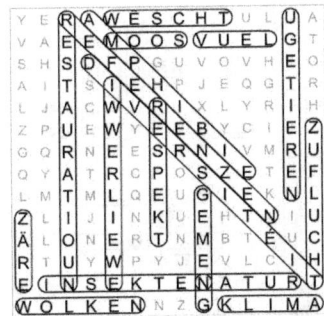

84 - Edifici

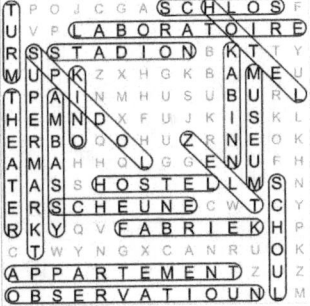

85 - Paesi #2

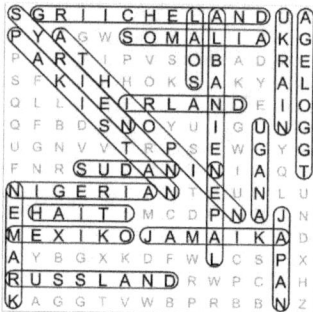

86 - Tipi di Capelli

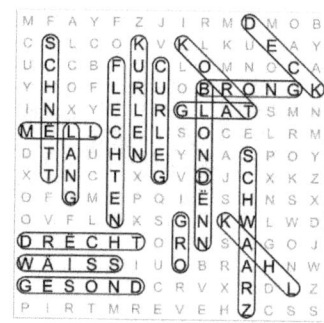

87 - Vestiti

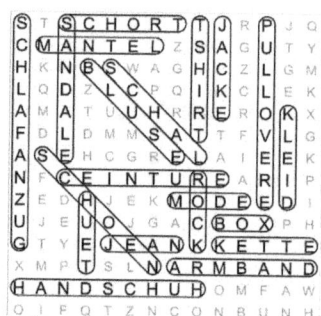

88 - Attività e Tempo Libero

89 - Tecnologia

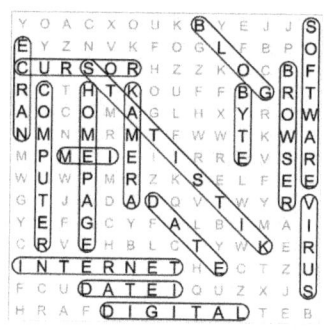

90 - Arte

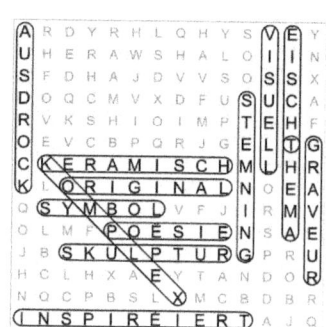

91 - Meteo

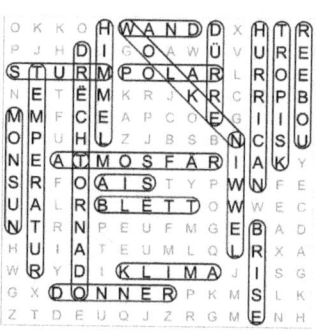

92 - Corpo Umano

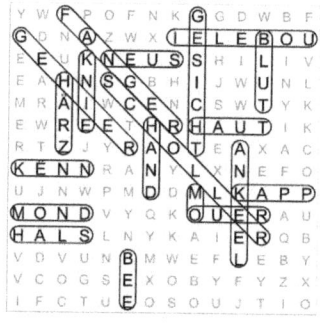

93 - Mammiferi

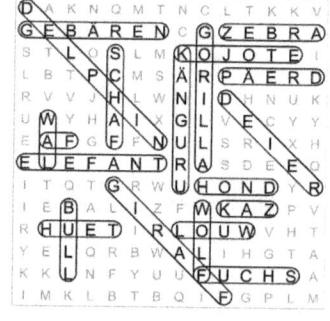

94 - Arrampicata

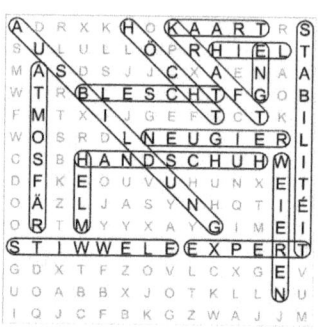

95 - Animali Domestici

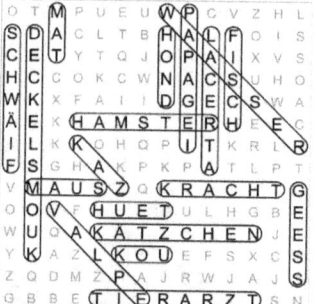

96 - Cucina

97 - Vacanze #2

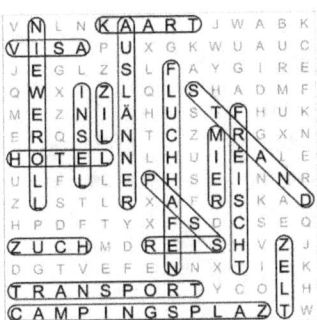

98 - Attività

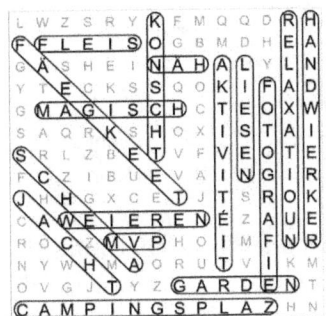

99 - Forniture Artistiche

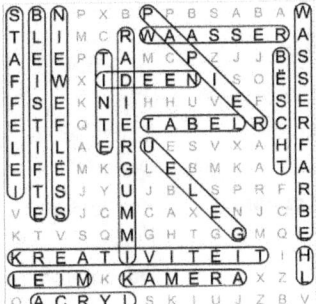

100 - Misurazioni

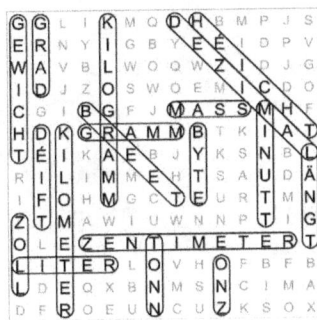

Dizionario

Acqua
Waasser

Canale	Kanal
Doccia	Dousch
Evaporazione	Verdunstung
Fiume	Flos
Gelo	Duechteren
Geyser	Geiser
Ghiaccio	Äis
Irrigazione	Irrigatioun
Lago	Séi
Monsone	Monsun
Neve	Schnéi
Oceano	Ozean
Onde	Wellen
Pioggia	Reen
Umidità	Fiichtegkeet
Uragano	Hurrican
Vapore	Damp

Aeroplani
Fligeren

Altezza	Héicht
Altitudine	Höcht
Aria	Loft
Atmosfera	Atmosfär
Atterraggio	Landung
Avventura	Aventure
Carburante	Brennstoff
Cielo	Himmel
Costruzione	Bau
Design	Design
Direzione	Richtung
Discesa	Ofstig
Equipaggio	Crew
Idrogeno	Waasserstoff
Motore	Motor
Palloncino	Ballon
Passeggero	Passagier
Pilota	Pilot
Storia	Historie
Turbolenza	Turbulenz

Aggettivi #1
Adjektive #1

Ambizioso	Ehrgeizig
Aromatico	Aromatisk
Artistico	Artistik
Assoluto	Absolut
Attivo	Aktiv
Enorme	Grouss
Esotico	Exotisk
Generoso	Villen
Giovane	Jong
Identico	Identisk
Importante	Wichteg
Lento	Lues
Lungo	Lang
Moderno	Modern
Onesto	Éischt
Perfetto	Perfekt
Pesante	Schwéier
Prezioso	Wëscht
Profondo	Déif
Sottile	Dënn

Aggettivi #2
Adjektive #2

Affamato	Hungrig
Asciutto	Drëcht
Autentico	Liesen
Creativo	Kreativ
Descrittivo	Deskriptiv
Dolce	Séis
Drammatico	Dramatisch
Elegante	Elegant
Famoso	Berumt
Forte	Sterk
Interessante	Interessant
Naturale	Naturell
Normale	Normal
Nuovo	Nei
Orgoglioso	Stolz
Produttivo	Produktiv
Puro	Reng
Responsabile	Responsabel
Salato	Salt
Sano	Gesond

Animali Domestici
Hausdéieren

Acqua	Waasser
Cane	Hond
Capra	Geess
Cibo	Mat
Coda	Schwäif
Collare	Kracht
Coniglio	Huet
Criceto	Hamster
Cucciolo	Valpe
Gattino	Kätzchen
Gatto	Kaz
Lucertola	Lacerta
Mucca	Kou
Pappagallo	Papagei
Pesce	Fisch
Tartaruga	Deckelsmouk
Topo	Maus
Veterinario	Tierarzt

Antartide
Antarktis

Acqua	Waasser
Ambiente	Ëmwelt
Baia	Bay
Balene	Walen
Conservazione	Referenzen
Continente	Kontinent
Geografia	Geographie
Ghiacciai	Gletscher
Ghiaccio	Äis
Isole	Insel
Migrazione	Migratioun
Minerali	Mineral
Nuvole	Wolken
Penisola	Hallinnel
Ricercatore	Fuerscher
Roccioso	Rocky
Scientifico	Wëssenschaft
Spedizione	Expeditioun
Temperatura	Temperatur
Topografia	Topographie

Api
Beien

Ali	Wings
Alveare	Bienenkorb
Benefico	Benefiziell
Cera	Wachs
Cibo	Mat
Diversità	Diversitéit
Ecosistema	Ökosystem
Fiori	Blummen
Fiorire	Bléi
Frutta	Fruucht Giess
Fumo	Fauch
Giardino	Garden
Insetto	Insekt
Miele	Honig
Piante	Planzen
Polline	Pollen
Regina	Queen
Sciame	Schwarm
Sole	Sonn

Arrampicata
Kletteren

Altitudine	Höcht
Atmosfera	Atmosfär
Casco	Helm
Curiosità	Neugier
Escursioni	Weieren
Esperto	Expert
Formazione	Ausbildung
Forza	Kraft
Grotta	Hiel
Guanti	Handschuh
Lesione	Blescht
Mappa	Kaart
Stabilità	Stabilitéit
Stivali	Stiwwele
Stretto	Eng

Arte
Konscht

Ceramica	Keramisch
Complesso	Komplex
Espressione	Ausdrock
Ispirato	Inspiréiert
Onesto	Éischt
Originale	Original
Poesia	Poësie
Scultura	Skulptur
Simbolo	Symbol
Soggetto	Thema
Surrealismo	Graveur.
Umore	Stemning
Visivo	Visuell

Arti Visive
Visuell Konscht

Architettura	Architektur
Argilla	Nieweflëss
Artista	Kënschtler
Capolavoro	Bernardo
Cavalletto	Staffelei
Cera	Wachs
Creatività	Kreativitéit
Film	Film
Fotografia	Foto
Gesso	Kridd
Matita	Bläistëft
Penna	Plack
Prospettiva	Perspektiv
Ritratto	Portralt
Scultura	Skulptur
Stampino	Schablone

Astronomia
Astronomie

Asteroide	Asteroid
Astronauta	Astronaut
Astronomo	Astronom.
Cielo	Himmel
Cosmo	Kosmos
Equinozio	Equinox
Galassia	Galaxy
Gravità	Gravitéit
Luna	Mount
Meteora	Meteor
Nebulosa	Nebel
Osservatorio	Observatioun
Pianeta	Planet
Radiazione	Straling
Razzo	Rakéit
Supernova	Supernova
Telescopio	Teleskop
Terra	Äerd
Universo	Universum
Zodiaco	Tierkreis

Attività
Aktivitéiten

Abilità	Fäegkeet
Arte	Konscht
Artigianato	Handwierker
Attività	Aktivitéit
Caccia	Jacht
Campeggio	Campingsplaz
Cucire	Näh
Escursioni	Weieren
Fotografia	Fotografie
Giardinaggio	Garden
Giochi	Mvp
Lettura	Liesen
Magia	Magisch
Pesca	Schema
Piacere	Fleis
Rilassamento	Relaxatioun
Tempo Libero	Fréischt

Attività e Tempo Libero
Aktivitéiten a Fräizäit

Arte	Konscht
Baseball	Baseball
Basket	Basket
Boxe	Box
Calcio	Fussbus
Campeggio	Campingsplaz
Escursioni	Weieren
Giardinaggio	Garden
Golf	Golfplatz
Immersione	Dauer
Nuoto	Schwammen
Pallavolo	Volleyball
Pesca	Schema
Rilassante	Relaxen
Surf	Surfen
Tennis	Tennisplatz
Viaggio	Rees

Autunno
Hierscht

Castagne	Kastanie
Clima	Klima
Equinozio	Equinox
Festival	Festival
Frutteto	Orchard
Gelo	Duechteren
Ghianda	Acorn
Incendi	Brennholz
Mele	Äppel
Mesi	Mount
Migrazione	Migratioun
Natura	Natur
Stagionale	Saisonal

Avventura
Aventures

Amici	Frënn
Attività	Aktivitéit
Bellezza	Schoonheid
Caso	Chance
Destinazione	Zil
Difficoltà	Schwierigkeit
Escursione	Ausflug
Gioia	Freed
Insolito	Ongewéinlech
Itinerario	Schäffe
Natura	Natur
Navigazione	Lëtzebuerg
Nuovo	Nei
Pericoloso	Geffer
Preparazione	Virbereedung
Sicurezza	Safe

Bagno
Buedzëmmer

Acqua	Waasser
Asciugamano	Handduch
Bagno	Bad
Bolle	Bubbels
Doccia	Dousch
Forbici	Schere
Gabinetto	Wc
Lozione	Lotion
Profumo	Parfum
Rubinetto	Wasserhahn
Sapone	Seef
Shampoo	Shampoo
Specchio	Spiegel
Spugna	Schwamz
Tappeto	Spaweck
Vapore	Damp

Balletto
Site

Abilità	Fäegkeet
Artistico	Artistik
Ballerini	Nzern
Compositore	Komponist.
Coreografia	Choreographie
Espressivo	Kräische
Gesto	Geste
Intensità	Intensitéit
Muscoli	Muskelen
Musica	Musik
Orchestra	Orchester
Pubblico	Public
Ritmo	Rhythmus
Stile	Stil
Tecnica	Teknikk

Barbecue
Barbecue

Caldo	Waarm
Cena	Diner
Cibo	Mat
Cipolle	Ënner
Coltelli	Messer
Estate	Summer
Fame	Hunger
Famiglia	Famill
Frutta	Fruucht Giess
Giochi	Mvp
Griglia	Grill
Insalate	Salate
Musica	Musik
Pepe	Pfeffer
Pollo	Huhn
Pomodori	Tomate
Pranzo	Mëtteg
Sale	Salz
Salsa	Sous
Verdure	Geméis

Campeggio
Campingsplaz

Alberi	Beem
Amaca	Hängematte
Animali	Déier
Avventura	Aventure
Bussola	Kompass
Cabina	Kabinn
Caccia	Jacht
Canoa	Kann
Cappello	Huet
Corda	Seel
Divertimento	Spass
Foresta	Wald
Fuoco	Fir
Insetto	Insekt
Lago	Séi
Luna	Mount
Mappa	Kaart
Montagna	Bierg
Natura	Natur
Tenda	Zelt

Campionato
Meeschterschaft

Allenatore	Trainer
Campionato	Championnat
Campione	Champion
Finalista	Regner
Giochi	Mvp
Giudice	Richter
Lega	Liga
Medaglia	Medail
Motivazione	Motivatioun
Prestazione	Leeschtung
Sportivo	Sport
Squadra	Team
Strategia	Strategie
Sudore	Schweiss
Torneo	Tournoi
Vittoria	Victoire

Casa
Haus

Attico	Dachboden
Biblioteca	Bibliotek
Camera	Summer
Camino	Kamin
Cucina	Kochnische
Doccia	Dousch
Finestra	Fënster
Garage	Garage
Giardino	Garden
Lampada	Lampe
Parete	Mauer
Pavimento	Stack
Porta	Dier
Recinto	Fenz
Rubinetto	Wasserhahn
Scopa	Besen
Soffitto	Decken
Specchio	Spiegel
Tappeto	Spaweck
Tetto	Dach

Castelli
Schlässer

Armatura	Allbewaffnung
Catapulta	Katapult
Cavaliere	Ritter
Cavallo	Päerd
Corona	Kroun
Dinastia	Dynastie
Drago	Draak
Feudale	Feudal
Impero	Räich
Nobile	Adel
Palazzo	Palass
Parete	Mauer
Principe	Prenz
Principessa	Prinsesse
Regno	Nigreich
Scudo	Schëld
Spada	Schwert
Torre	Turm
Unicorno	Monoceros

Cibo #1
Iessen #1

Aglio	Knuewelek
Basilico	Basilikum
Cannella	Zimt
Carne	Fleesch
Carota	Karrot
Cipolla	Ënner
Fragola	Äerdbier
Insalata	Salat
Latte	Mëllech
Limone	Zitrone
Menta	Minze
Orzo	Gerär
Pera	Birne
Rapa	Troppel
Sale	Salz
Spinaci	Spinat
Succo	Juss
Tonno	Tunn
Torta	Kachen
Zucchero	Zucker

Cibo #2
Alimentatioun #2

Asparago	Spargel
Banana	Banan
Broccolo	Brokkoli
Ciliegia	Kirsche
Cioccolato	Schockela
Formaggio	Käis
Grano	Weess
Kiwi	Kiwi
Mela	Apel
Melanzana	Eegplant
Pane	Brout
Pesce	Fisch
Pollo	Huhn
Pomodoro	Tomat
Prosciutto	Schinken
Riso	Reis
Sedano	Sellerie
Uovo	Eeg
Uva	Drauf
Yogurt	Yoghurt

Cioccolato
Schockela

Amaro	Jeremy
Arachidi	Erdnuss
Cacao	Kakao
Calorie	Kalorien
Caramello	Karamel
Delizioso	Lescht
Dolce	Séis
Esotico	Exotisk
Gusto	Fondue
Ingrediente	Um
Noce di Cocco	Kokos
Preferito	Favorit
Qualità	Qualitéit
Ricetta	Rescht
Zucchero	Zucker

Circo
Zirkus

Acrobata	Acrobat
Animali	Déier
Costume	Kostum
Elefante	Elefant
Giocoliere	Jongleur
Leone	Louw
Magia	Magisch
Musica	Musik
Palloncini	Ballon
Parata	Parade
Scimmia	Af
Spettatore	Spectateur
Tenda	Zelt
Tigre	Tiger

Città
Stad

Aeroporto	Fluchhafen
Banca	Bank
Biblioteca	Bibliotek
Cinema	Kino
Clinica	Klinik
Farmacia	Apdikt
Fiorista	Florist
Galleria	Galerie
Hotel	Hotel
Libreria	Bookshop
Mercato	Maart
Museo	Museum
Negozio	Späicheren
Panetteria	Bäckerei
Scuola	Schoul
Stadio	Stadion
Supermercato	Supermarkt
Teatro	Theater
Università	Universitéit
Zoo	Zoo

Colori
Faarwen

Arancia	Orange
Beige	Beige
Bianco	Wäiss
Blu	Blo
Ciano	Zyan
Fucsia	Fuchsie
Giallo	Giel
Grigio	Gro
Magenta	Magenta
Marrone	Brong
Nero	Schwaarz
Rosa	Rosa
Rosso	Rout
Verde	Gréng
Viola	Mov

Compleanno
Gebuertsdag

Amici	Frënn
Anno	Joer
Calendario	Kalender
Candele	Käerz
Canzone	Lidd
Carte	Karten
Celebrazione	Feier
Divertimento	Spass
Felice	Glécklech
Gioioso	Fräscht
Giorno	Dag
Giovane	Jong
Inviti	Invitéiert
Regalo	Geschenk
Saggezza	Weischt
Speciale	Speziell
Tempo	Zeit
Torta	Kachen

Corpo Umano
Mënschleche Kierper

Bocca	Mond
Caviglia	Ankeel
Cervello	Gehier
Collo	Hals
Cuore	Härz
Dito	Fanger
Faccia	Gesicht
Gamba	Bee
Ginocchio	Knie
Gomito	Ielebou
Mano	Hand
Mento	Kënn
Naso	Neus
Occhio	A
Orecchio	Ouer
Pelle	Haut
Sangue	Blut
Spalla	Scholler
Stomaco	Mo
Testa	Kapp

Cucina
Kochnische

Bacchette	Stäbchen
Bollitore	Kettel
Brocca	Krou
Cibo	Mat
Ciotola	Schoul
Coltelli	Messer
Congelatore	Friezer
Cucchiai	Lëschen
Forchette	Fork
Forno	Backofen
Frigorifero	Frigoen
Grembiule	Schort
Griglia	Grill
Ricetta	Rescht
Spezie	Rzen
Spugna	Schwamz
Tazze	Cup
Tovagliolo	Service

Danza
Tanz

Accademia	Academie
Arte	Konscht
Classico	Klassisch
Compagno	Partner
Coreografia	Choreographie
Corpo	Kierper
Cultura	Kultur
Culturale	Kulturell
Emozione	Emotion
Espressivo	Kräische
Gioioso	Frëscht
Grazia	Gnade
Movimento	Bewegung
Musica	Musik
Ritmo	Rhythmus
Tradizionale	Traditionell
Visivo	Visuell

Dinosauri
Dinosaurier

Ali	Wings
Coda	Schwäif
Enorme	Enorm
Erbivoro	Planzen
Evoluzione	Evolutioun
Grande	Grouss
Mammut	Mammot
Onnivoro	Allesfresser
Preistorico	Prehistorisk
Rettile	Reptil
Scomparsa	Verschwanne
Taglia	Gréisst
Terra	Äerd
Vizioso	Teufelskreis

Discipline Scientifiche
Wissenschaftsdisziplinen

Anatomia	Anatomie
Archeologia	Archeologie
Astronomia	Astronomie
Biochimica	Biochemie
Biologia	Biologie
Botanica	Botanie
Chimica	Chemie
Ecologia	Ökologie
Fisiologia	Physiologie
Geologia	Geologie
Immunologia	Immunologie
Linguistica	Linguistik
Meccanica	Mechanik
Meteorologia	Meteorologie
Mineralogia	Mineralogie
Neurologia	Neurologie
Psicologia	Psychologie
Sociologia	Sociologie
Termodinamica	Thermodynamik
Zoologia	Zoologie

Ecologia
Ökologie

Clima	Klima
Comunità	Communautéit
Diversità	Diversitéit
Fauna	Fauna
Flora	Flora
Marino	Marine
Natura	Natur
Naturale	Naturell
Palude	Sumpf
Piante	Planzen
Risorse	Ressourcen
Siccità	Dürre
Sopravvivenza	Iwwerliewe
Vegetazione	Vegetatioun
Volontari	Fräiwëlleger

Edifici
Gebaier

Ambasciata	Ambassy
Appartamento	Appartement
Cabina	Kabinn
Castello	Schlos
Cinema	Kino
Fabbrica	Fabriek
Fienile	Scheune
Hotel	Hotel
Laboratorio	Laboratoire
Museo	Museum
Ospedale	Spidol
Osservatorio	Observatioun
Ostello	Hostel
Scuola	Schoul
Stadio	Stadion
Supermercato	Supermarkt
Teatro	Theater
Tenda	Zelt
Torre	Turm
Università	Universitéit

Emozioni
Emotiounen

Amore	Gären
Calma	Roueg
Gentilezza	Gëtt
Gioia	Freed
Grato	Dankbaar
Noia	Lëscht
Pace	Fridde
Paura	Äscht
Rabbia	Wut
Simpatia	Sympathie
Soddisfatto	Zefridden
Tenerezza	Zäitt
Tristezza	Trauer

Erboristeria
Herbalismus

Aglio	Knuewelek
Aneto	Dill
Aromatico	Aromatisk
Basilico	Basilikum
Culinario	Kulinary
Dragoncello	Estragon
Finocchio	Fenchelsamen
Fiore	Bloem
Giardino	Garden
Ingrediente	Um
Lavanda	Lavendel
Maggiorana	Majoran
Menta	Minze
Origano	Oregano
Prezzemolo	Petersilie
Qualità	Qualitéit
Rosmarino	Rosmarin
Timo	Thimei
Verde	Gréng
Zafferano	Safiental

Escursionismo
Wanderen

Acqua	Waasser
Animali	Déier
Campeggio	Campingsplaz
Clima	Klima
Mappa	Kaart
Montagna	Bierg
Natura	Natur
Orientamento	Orientatioun
Parchi	Parken
Pesante	Schwéier
Pietre	Stein
Preparazione	Virbereedung
Scogliera	Klipp
Selvaggio	Wëllt
Sole	Sonn
Stanco	Midd
Stivali	Stiwwele
Vertice	Spëtzt

Esplorazione
Exploratioun

Animali	Déier
Attività	Aktivitéit
Coraggio	Couragéiert
Culture	Kultur
Determinazione	Bestëmmung
Esaurimento	Erschöpfung
Lingua	Sprooch
Nuovo	Nei
Sconosciuto	Onbekannt
Scoperta	Entdeckung
Selvaggio	Wëllt
Spazio	Raum
Viaggio	Rees

Estate
Summer

Amici	Frënn
Campeggio	Campingsplaz
Cibo	Mat
Famiglia	Famill
Giardino	Garden
Giochi	Mvp
Gioia	Freed
Immersione	Dauer
Libri	Chern
Mare	Mier
Musica	Musik
Rilassamento	Relaxatioun
Sandali	Sandale
Spiaggia	Strand
Stelle	Stärenhimmel
Tempo Libero	Fréischt
Vacanza	Vakanz
Viaggio	Rees

Famiglia
Famill

Antenato	Virfahre
Bambini	Kanner
Bambino	Kand
Cugino	Koseng
Figlia	Duechter
Fratello	Brudder
Infanzia	Kandheet
Madre	Mamm
Marito	Mann
Materno	Mütterlich
Moglie	Fra
Nipote	Neveu
Nipote	Enkel
Nonna	Bomi
Nonno	Grousspapp
Padre	Papp
Paterno	Väterlich
Sorella	Schwëster
Zia	Tant
Zio	Onkel

Fantascienza
Science Fiktioun

Atomico	Atomic
Cinema	Kino
Distopia	Dystopie
Esplosione	Explosioun
Estremo	Extrem
Fantastico	Fantastisk
Fuoco	Fir
Futuristico	Futuristisch
Galassia	Galaxy
Illusione	Illusioun
Immaginario	Imaginär
Libri	Chern
Misterioso	Geheimnisvoll
Mondo	Welt
Oracolo	Orakel
Pianeta	Planet
Robot	Roboter
Tecnologia	Technologie
Utopia	Utopie

Fattoria #1
Bauerenhaff #1

Acqua	Waasser
Agricoltura	Landbruik
Ape	Biene
Asino	Esel
Campo	Feld
Cane	Hond
Capra	Geess
Cavallo	Päerd
Fertilizzante	Dünger
Fieno	Hei
Gatto	Kaz
Gregge	Herde
Maiale	Schwäin
Miele	Honig
Mucca	Kuh
Pollo	Huhn
Recinto	Fenz
Riso	Reis
Semi	Seeds
Vitello	Kalf

Fattoria #2
Bauerenhaff #2

Agnello	Lamm
Agricoltore	Bauer
Anatra	Ente
Animali	Déier
Cibo	Mat
Fienile	Scheune
Frutta	Fruucht Giess
Frutteto	Orchard
Grano	Weess
Irrigazione	Irrigatioun
Lama	Lama
Latte	Mëllech
Mais	Mais
Orzo	Gerär
Pecora	Schaf
Prato	Wiese
Trattore	Traktor
Verdura	Geméis

Fiori
Blummen

Dente di Leone	Wenzahn
Gardenia	Gardenie
Gelsomino	Jasmin
Giglio	Lilie
Girasole	Sonneblem
Ibisco	Hibiskus
Lavanda	Lavendel
Lilla	Violette
Magnolia	Magnolie
Margherita	Daisy
Mazzo	Blumenstrauss
Orchidea	Orchidee
Papavero	Mohn
Peonia	Pfingstrose
Trifoglio	Klee
Tulipano	Tulip

Foresta Pluviale
Regenwald

Anfibi	Amphibie
Botanico	Zäre
Clima	Klima
Comunità	Gemeng
Diversità	Diversitéit
Insetti	Insekten
Mammiferi	Ugetieren
Muschio	Moos
Natura	Natur
Nuvole	Wolken
Preservazione	Referenzen
Prezioso	Wëscht
Restauro	Restauratioun
Rifugio	Zuflucht
Rispetto	Respekt
Sopravvivenza	Iwwerliewe
Uccelli	Vuel

Forme
Formen

Angolo	Eck
Arco	Arc
Bordi	Kante
Cerchio	Krees
Cilindro	Zylinder
Cono	Kegel
Cubo	Megaminx
Curva	Kurv
Ellisse	Ellips
Iperbole	Hyperbel
Lato	Säit
Linea	Linn
Ovale	Oval
Poligono	Polygon
Prisma	Prisma
Rettangolo	Rechteck
Triangolo	Drieekel

Forniture Artistiche
Konscht Ëmgeréits

Acqua	Waasser
Acquerelli	Wasserfarbe
Acrilico	Acryl
Argilla	Niewefléss
Carta	Papier
Cavalletto	Staffelei
Colla	Leim
Creatività	Kreativitéit
Gomma	Radiergummi
Idee	Ideen
Inchiostro	Tinte
Matite	Bleistifte
Olio	Ueleg
Sedia	HI
Spazzole	Bëscht
Tavolo	Tabel
Telecamera	Kamera

Frutta
Fruucht Giess

Albicocca	Aprikose
Ananas	Anans
Arancia	Orange
Avocado	Avocado
Bacca	Berry
Banana	Banan
Ciliegia	Kirsche
Kiwi	Kiwi
Lampone	Hambier
Limone	Zitrone
Mango	Mango
Mela	Apel
Melone	Meloun
Mora	Blackberry
Nettarina	Nektarin
Papaia	Papaya
Pera	Birne
Pesca	Piisch
Prugna	Pflaume
Uva	Drauf

Geografia
Geographie

Altitudine	Höcht
Atlante	Atlas
Città	Stad
Continente	Kontinent
Emisfero	Hemisphär
Fiume	Flos
Isola	Insel
Latitudine	Breedegrad
Longitudine	Längt
Mappa	Kaart
Mare	Mier
Meridiano	Meridian
Mondo	Welt
Montagna	Bierg
Nord	Norden
Ovest	Westen
Paese	Land
Regione	Regioun
Sud	Süden
Territorio	Territoire

Geologia
Geologie

Acido	Saier
Altopiano	Plateau
Calcio	Kalcium
Caverna	Hiel
Continente	Kontinent
Corallo	Korallen
Cristalli	Kristallen
Erosione	Erosioun
Fossile	Haaptsächlech
Geyser	Geiser
Lava	Lava
Minerali	Mineral
Pietra	Stein
Quarzo	Quarz
Sale	Salz
Stalagmiti	Stalagmiten
Stalattite	Stalaktit
Strato	Plang
Terremoto	Äerdbiewen
Vulcano	Vulkan

Giardino
Gaart

Albero	Bam
Amaca	Hängematte
Cespuglio	Busch
Erba	Gras
Erbacce	Weider
Fiore	Bloem
Garage	Garage
Giardino	Garden
Pala	Schoul
Panca	Beng
Rastrello	Rake
Recinto	Fenz
Stagno	Teich
Terrazza	Terrass
Trampolino	Trampolin
Tubo	Schauch

Giocattoli
Sexspielzeug

Aereo	Fléier
Argilla	Niewefléss
Artigianato	Handwierker
Auto	Auto
Bambola	Popp
Barca	Boot
Batteria	Drum
Bicicletta	Veel
Camion	Truckt
Giochi	Mvp
Immaginazione	Phantasie
Libri	Chern
Palla	Ball
Preferito	Favorit
Robot	Roboter
Scacchi	Schachspill
Treno	Zuch

Giorni e Mesi
Deeg a Méint

Agosto	August
Anno	Joer
Aprile	Abrëll
Calendario	Kalender
Dicembre	Dezember
Domenica	Sonnde
Febbraio	Februar
Gennaio	Januar
Giugno	Juni
Luglio	Juli
Lunedì	Méindeg
Martedì	Dënschdeg
Mercoledì	Mëttwoch
Mese	Mount
Novembre	November
Ottobre	Oktober
Sabato	Samschdeg
Settembre	September
Settimana	Woch
Venerdì	Freideg

Guida
Bobet

Auto	Auto
Autobus	Bus
Carburante	Brennstoff
Freni	Bremsen
Garage	Garage
Gas	Gass
Incidente	Accident
Licenza	Lizens
Mappa	Kaart
Moto	Motorrad
Motore	Motor
Pedonale	Foussgänger
Pericolo	Gefor
Polizia	Police
Sicurezza	Safe
Strada	Road
Traffico	Trafik
Trasporto	Transport
Tunnel	Tunnel
Velocità	Vitesse

Imbarcazioni
Schëffer

Albero	Mast
Ancora	Anker
Barca a Vela	Segelboot
Boa	Buet
Canoa	Kann
Corda	Seel
Equipaggio	Crew
Fiume	Flos
Kayak	Kayak
Lago	Séi
Mare	Mier
Marea	Flut
Marinaio	Militant
Motore	Motor
Nautico	Nautisch
Oceano	Ozean
Onde	Wellen
Traghetto	Bevëlkerung
Yacht	Yacht
Zattera	Dee

Insetti
Insekten

Afide	Blattlaus
Ape	Biene
Cavalletta	Heuschrecke
Cicala	Zikade
Coccinella	Déischlecht
Coleottero	Käfer
Falena	Päiperleks
Farfalla	Päiperlek
Formica	Ameise
Larva	Larve
Libellula	Libelle
Mantide	Mantis
Pulce	Flau
Scarafaggio	Kakerlake
Termite	Termite
Verme	Wurm
Vespa	Wespe
Zanzara	Mücke

Letteratura
Literatur

Analisi	Analys
Analogia	Analogie
Aneddoto	Anekdot
Autore	Auteur
Biografia	Biographie
Conclusione	Fazit
Confronto	Verglech
Descrizione	Beschreiwung
Dialogo	Dialog
Finzione	Fiktion
Metafora	Metapher
Opinione	Mening
Poesia	Gedich
Poetico	Poetisk
Rima	Reim
Ritmo	Rhythmus
Romanzo	Roman
Stile	Stil
Tema	Thema
Tragedia	Tragedie

Libri
Bicher

Autore	Auteur
Avventura	Aventure
Collezione	Sammel
Contesto	Kontext
Dualità	Dualität
Epico	Episch
Inventivo	Inventiv
Letterario	Literaire
Lettore	Lieser
Narratore	Erzieler
Pagina	Säit
Poesia	Gedich
Rilevante	Relevant
Romanzo	Roman
Scritto	Opschreiwen
Serie	Serie
Storia	Geschicht
Storico	Historisk
Tragico	Tragisch
Umoristico	Humorvoll

Mammiferi
Mamendéieren

Balena	Wal
Cane	Hond
Canguro	Känguru
Cavallo	Päerd
Cervo	Deier
Coniglio	Huet
Coyote	Kojote
Delfino	Delphin
Elefante	Elefant
Gatto	Kaz
Giraffa	Giraff
Gorilla	Gorilla
Leone	Louw
Lupo	Wolf
Orso	Gebären
Pecora	Schaf
Scimmia	Af
Toro	Bull
Volpe	Fuchs
Zebra	Zebra

Matematica
Mathematik

Aritmetica	Arithmetisch
Circonferenza	Ëmfang
Decimale	Dezimal
Diametro	Duerchmiesser
Equazione	Equatioun
Esponente	Exponent
Frazione	Fraktioun
Geometria	Geometrie
Parallelo	Parallel
Perimetro	Perimeter
Poligono	Polygon
Rettangolo	Rechteck
Simmetria	Symmetrie
Triangolo	Drieekel

Meditazione
Meditatioun

Accettazione	Unhuele
Calma	Roueg
Chiarezza	Klaritéit
Compassione	Mitgefühl
Emozioni	Emotionen
Gentilezza	Gëtt
Gratitudine	Dankbarkeit
Insegnamenti	Léier
Mentale	Geistig
Mente	Geescht
Movimento	Bewegung
Musica	Musik
Natura	Natur
Pace	Fridde
Prospettiva	Perspektiv
Respirazione	Omtem
Silenzio	Stille
Sveglio	Wakkert

Meteo
Wieder

Arcobaleno	Reebou
Asciutto	Drëcht
Atmosfera	Atmosfär
Brezza	Brise
Cielo	Himmel
Clima	Klima
Fulmine	Blëtt
Ghiaccio	Äis
Monsone	Monsun
Nebbia	Niwwel
Nube	Wolken
Polare	Polar
Siccità	Dürre
Temperatura	Temperatur
Tempesta	Sturm
Tornado	Tornado
Tropicale	Tropisk
Tuono	Donner
Uragano	Hurrican
Vento	Wand

Misurazioni
Miessunge

Altezza	Héicht
Byte	Byte
Centimetro	Zentimeter
Chilogrammo	Kilogramm
Chilometro	Kilometer
Decimale	Dezimal
Grado	Grad
Grammo	Gramm
Larghezza	Breet
Litro	Liter
Lunghezza	Längt
Massa	Mass
Metro	M
Minuto	Minutt
Oncia	Onz
Peso	Gewicht
Pollice	Zoll
Profondità	Déift
Tonnellata	Tonn

Mitologia
Mythologie

Archetipo	Archetyp
Comportamento	Verhale
Creatura	Kreatur
Creazione	Schafung
Credenze	Berzeugungen
Cultura	Kultur
Disastro	Katastroph
Eroe	Held
Forza	Kraft
Fulmine	Blëtt
Gelosia	Jalousie
Guerriero	Krieger
Labirinto	Labyrint
Leggenda	Seeche
Mortale	Spaweck
Mostro	Monster
Paradiso	Himmel
Tuono	Donner
Vendetta	Rache

Natura
Natur

Animali	Déier
Api	Beien
Artico	Arktis
Bellezza	Schoonheid
Deserto	Ste
Dinamico	Dynamisch
Erosione	Erosioun
Fiume	Flos
Fogliame	Blëtt
Foresta	Wald
Ghiacciaio	Glazier
Nebbia	Niwwel
Nuvole	Wolken
Santuario	Hellegtum
Selvaggio	Wëllt
Sereno	Heiter
Tropicale	Tropisk
Vitale	Entscheedend

Numeri
Zuelen

Cinque	Fënnef
Decimale	Dezimal
Diciannove	Nonzéng
Diciassette	Siebzehn
Diciotto	Uechtzéng
Dieci	Zéng
Dodici	Zwielef
Due	Zwee
Nove	Néng
Otto	Aacht
Quattordici	Véierzéng
Quattro	Vier
Quindici	Fofzéng
Sedici	Sechzehn
Sei	Sechs
Sette	Sewen
Tre	Dräi
Tredici	Dräizéng
Venti	Zwanzeg
Zero	Null

Nutrizione
Ernierung

Amaro	Jeremy
Appetito	Appetit
Bilanciato	Ausgewoge
Calorie	Kalorien
Carboidrati	Kolhydrate
Commestibile	Essbar
Dieta	Diét
Digestione	Verdauung
Fermentazione	Gärung
Liquidi	Ssigkeiten
Nutriente	Nährstoff
Peso	Gewicht
Proteine	Protein
Qualità	Qualitéit
Salsa	Sous
Salute	Gesondheet
Sano	Gesond
Spezie	Rzen
Tossina	Toxin
Vitamina	Vitamin

Oceano
Ozean

Anguilla	Aal
Balena	Wal
Barca	Boot
Corallo	Korallen
Delfino	Delphin
Gamberetto	Garnele
Granchio	Krabbe
Maree	Gezäiten
Medusa	Qualle
Onde	Wellen
Ostrica	Auster
Pesce	Fisch
Polpo	Kräke
Sale	Salz
Scogliera	Riff
Spugna	Schwamz
Squalo	Hai
Tartaruga	Deckelsmouk
Tempesta	Sturm
Tonno	Tunn

Paesaggi
Landschaften

Cascata	Waasserfall
Collina	Hill
Deserto	Ste
Fiume	Flos
Geyser	Geiser
Ghiacciaio	Glazier
Grotta	Hiel
Iceberg	Robin
Isola	Insel
Lago	Séi
Mare	Mier
Montagna	Bierg
Oasi	Oas
Oceano	Ozean
Palude	Sumpf
Penisola	Hallinnel
Spiaggia	Strand
Tundra	Tundra
Valle	Dall
Vulcano	Vulkan

Paesi #2
Länner, #2

Albania	Albanien
Danimarca	Nemark
Etiopia	Äthiopien
Giamaica	Jamaika
Giappone	Japan
Grecia	Griicheland
Haiti	Haïti
Indonesia	Ageloggt
Irlanda	Irland
Laos	Laos
Messico	Mexiko
Nepal	Nepal
Nigeria	Nigeria
Pakistan	Pakistan
Russia	Russland
Siria	Syrien
Somalia	Somalia
Sudan	Sudan
Ucraina	Ukrain
Uganda	Ugana

Pesca
Fëscherei

Acqua	Waasser
Barca	Boot
Branchie	Kieme
Cesto	Kuerf
Esagerazione	Überdreiwung
Esca	Köder
Fiume	Flos
Gancio	Haak
Lago	Séi
Mascella	Kiefer
Oceano	Ozean
Pazienza	Gedold
Peso	Gewicht
Spiaggia	Strand

Piante
Planzen

Albero	Bam
Bacca	Berry
Bambù	Bambu
Botanica	Botanie
Cactus	Kaktus
Cespuglio	Busch
Crescere	Wuesse
Edera	Efeu
Erba	Gras
Fagiolo	Banen
Fertilizzante	Dünger
Fiore	Bloem
Flora	Flora
Foglia	Blat
Fogliame	Blëtt
Foresta	Wald
Giardino	Garden
Muschio	Moos
Radice	Root
Vegetazione	Vegetatioun

Pirati
Piraten

Ancora	Anker
Avventura	Aventure
Bandiera	Anere
Bussola	Kompass
Capitano	Kaptain
Cattivo	Schlecht
Cicatrice	Narben
Equipaggio	Crew
Grotta	Hiel
Isola	Insel
Leggenda	Seeche
Mappa	Kaart
Monete	Mënten
Oro	Gold
Pappagallo	Papagei
Pericolo	Gefor
Rum	Rum
Spada	Schwert
Spiaggia	Strand
Tesoro	Schätz

Professioni #1
Beruffer #1

Allenatore	Trainer
Ambasciatore	Ambassadeur
Artista	Kënschtler
Astronomo	Astronom.
Avvocato	Avocat
Ballerino	Dänzer
Banchiere	Banquier
Cacciatore	Jeeër
Cartografo	Kartograph
Editore	Editor
Farmacista	Apdikter
Geologo	Geolog
Gioielliere	Jeweller
Idraulico	Plummer
Infermiera	Klechter
Marinaio	Militant
Musicista	Musiker
Pianista	Pianist
Psicologo	Psycholog
Veterinario	Tierarzt

Professioni #2
Beruffer #2

Astronauta	Astronaut
Bibliotecario	Bibliothéik
Biologo	Biolog
Chirurgo	Chirurg
Dentista	Zahnarzt
Filosofo	Philosoph.
Fotografo	Fotograf
Giardiniere	Gärtner
Giornalista	Journalist
Illustratore	Illustrateur
Ingegnere	Ingenieur
Insegnante	Léierin
Inventore	Erfinder
Investigatore	Enquete
Linguista	Zu Useldeng
Medico	Dokter
Pilota	Pilot
Pittore	Maler
Ricercatore	Fuerscher
Zoologo	Zoolog

Ristorante #1
Restaurant #1

Allergia	Allergie
Caffè	Kaffe
Carne	Fleesch
Cibo	Mat
Ciotola	Schoul
Coltello	Messer
Cucina	Kochnische
Dessert	Dessert
Menù	Menü
Pane	Brout
Piccante	Picke
Pollo	Huhn
Prenotazione	Reservatioun
Salsa	Sous
Tovagliolo	Service

Ristorante #2
Restaurant #2

Acqua	Waasser
Cameriere	Water
Cena	Diner
Cucchiaio	Lëscht
Delizioso	Lescht
Forchetta	Forschett
Frutta	Fruucht Giess
Ghiaccio	Äis
Insalata	Salat
Minestra	Zopp
Pesce	Fisch
Pranzo	Mëtte
Sale	Salz
Sedia	HI
Spezie	Rzen
Torta	Kachen
Verdure	Geméis

Scacchi
Schachspill

Avversario	Géigner
Bianco	Wäiss
Campione	Champion
Concorso	Concours
Diagonale	Diagonal
Giocatore	Spiller
Gioco	Spill
Nero	Schwaarz
Passivo	Passiv
Re	Keng
Regina	Queen
Regole	Regelen
Sacrificio	Dunn
Strategia	Strategie
Tempo	Zeit
Torneo	Tournoi

Scienza
Wëssenschaft

Atomo	Atom
Chimico	Chemesch
Clima	Klima
Dati	Date
Esperimento	Experiment
Evoluzione	Evolutioun
Fatto	Fakt
Fisica	Physik
Fossile	Haaptsächlech
Gravità	Gravitéit
Ipotesi	Hypothes
Laboratorio	Laboratoire
Metodo	Methode
Minerali	Mineral
Molecole	Molekulen
Natura	Natur
Particelle	Partikel
Piante	Planzen

Scuola #1
Schoul #1

Alfabeto	Alfabet
Amici	Frënn
Aula	Klassesall
Biblioteca	Bibliotek
Carta	Papier
Cartelle	Ordner
Divertimento	Spass
Esami	Examen
Insegnante	Léierin
Libri	Chern
Matematica	Mathematik
Matita	Bläistëft
Pranzo	Mëtte
Risposte	Äntwert
Sedia	HI

Scuola #2
Schoul #2

Accademico	Akademisch
Autobus	Bus
Biblioteca	Bibliotek
Calendario	Kalender
Carta	Papier
Computer	Computer
Dizionario	Wo
Educazione	Bildung
Forbici	Schere
Giochi	Mvp
Grammatica	Grammatik
Insegnante	Léierin
Letteratura	Literatur
Lettura	Liesen
Libri	Chern
Matematica	Mathematik
Matita	Bläistëft
Scarpe	Schoen
Scienza	Wëssenschaft
Zaino	Rucksak

Spezie
Gewierzer

Aglio	Knuewelek
Amaro	Jeremy
Anice	Anis
Cannella	Zimt
Cardamomo	Kardemom
Cipolla	Ënner
Coriandolo	Koriander
Cumino	Mmel
Curcuma	Turmeich
Curry	Currypaste
Dolce	Séis
Finocchio	Fenchelsamen
Gusto	Gous
Noce Moscata	Muskatnuts
Paprika	Paprika
Pepe	Pfeffer
Sale	Salz
Vaniglia	Vanille
Zafferano	Safiental
Zenzero	Ingwer

Spiaggia
Strand

Asciugamano	Handduch
Barca	Boot
Barca a Vela	Segelboot
Blu	Blo
Costa	Küst
Granchio	Krabbe
Isola	Insel
Laguna	Lagun
Mare	Mier
Oceano	Ozean
Ombrello	Dirschen
Sabbia	Sand
Sandali	Sandale
Scogliera	Riff
Sole	Sonn
Vacanza	Vakanz

Sport
Sport

Allenatore	Trainer
Arbitro	Arbitter
Atleta	Athlet
Baseball	Baseball
Basket	Basket
Bicicletta	Veel
Campionato	Championnat
Ginnastica	Eriwwer.
Giocatore	Spiller
Gioco	Spill
Golf	Golfplatz
Hockey	Eishockey
Movimento	Bewegung
Palestra	Fitnessraum
Squadra	Team
Stadio	Stadion
Tennis	Tennisplatz
Vincitore	Gewënner

Strumenti
Tools

Ascia	Ax
Cavo	Kabel
Colla	Leim
Coltello	Messer
Corda	Seel
Cucitrice	Hefter
Forbici	Schere
Martello	Hammer
Pala	Schoul
Pinze	Zange
Rasoio	Rasiermesser
Ruota	Rad
Scala	Leider
Torcia	Fackel
Vite	Schrauw

Strumenti Musicali
Musikalesch Instrumenter

Arpa	Harfe
Banjo	Hohlschrauben
Chitarra	Gitar
Clarinetto	Klarinett
Fagotto	Bassun
Flauto	Fl
Gong	Gong
Mandolino	Mandoline
Marimba	Marimbas
Oboe	Oboe
Percussione	Perkussion
Pianoforte	Piano
Sassofono	Saxophon
Tamburello	Tamburin
Tamburo	Drum
Tromba	Trompet
Trombone	Bassposaune
Violino	Gei
Violoncello	Cello

Strumenti di Cottura
Kochen Lëtzebuerg

Bollitore	Kettel
Colino	Sieb
Coltello	Messer
Coperchio	Deckel
Cucchiaio	Lëscht
Forbici	Schere
Forchetta	Forschett
Forno	Backofen
Frigorifero	Frigoen
Grattugia	Reibe
Posate	Bestick
Spatola	Spachtel
Stufa	Herd
Termometro	Thermometer
Tostapane	Spaweck

Surf
Windsurfen

Atleta	Athlet
Campione	Champion
Divertimento	Spass
Estremo	Extrem
Forza	Kraft
Oceano	Ozean
Popolare	Populär
Principiante	Ufänger
Schiuma	Schumm
Scogliera	Riff
Spiaggia	Strand
Stile	Stil
Stomaco	Mo
Velocità	Vitesse

Tecnologia
Technologie

Blog	Blog
Browser	Browser
Byte	Byte
Computer	Computer
Cursore	Cursor
Dati	Date
Digitale	Digital
File	Datei
Internet	Internet
Messaggio	Homepage.
Schermo	Écran
Sicurezza	Sécherheet
Software	Software
Statistiche	Statistik
Telecamera	Kamera
Virtuale	Mei
Virus	Virus

Tempo
Zäit

Anno	Joer
Annuale	Annuell
Calendario	Kalender
Decennio	Dekade
Dopo	No
Futuro	Zukunft
Giorno	Dag
Ieri	Gestern
Mattina	Moien
Mese	Mount
Mezzogiorno	Meiden
Minuto	Minutt
Notte	Nuecht
Oggi	Haut
Ora	Stonn
Orologio	Auer
Presto	Geschw
Prima	Fir
Secolo	Joerhonnert
Settimana	Woch

Tipi di Capelli
Hoer Zorte

Asciutto	Drëcht
Bianco	Wäiss
Biondo	Blond
Breve	Kort
Calvo	Kahl
Grigio	Gro
Intrecciato	Flechten
Liscio	Glat
Lucido	Schnëtt
Lungo	Lang
Marrone	Brong
Morbido	Mëll
Nero	Schwaarz
Riccio	Curleg
Riccioli	Kurlen
Sano	Gesond
Sottile	Dënn
Spessore	Deck

Uccelli
Villercher

Airone	Reiher
Anatra	Ente
Aquila	Adler
Cicogna	Storch
Cigno	Swan
Colomba	Douwen
Cuculo	Kuck
Fenicottero	Flamingo
Gabbiano	Möve
Oca	Gäis
Pappagallo	Papagei
Passero	Spauer
Pavone	Pavo
Pellicano	Pelikan
Piccione	Columba
Pinguino	Pinguin
Pollo	Huhn
Struzzo	Struus
Tucano	Toucan
Uovo	Eeg

Vacanza #1
- Vakanz - #1

Aereo	Fléier
Auto	Auto
Dogana	Zoll
Itinerario	Schäffe
Lago	Séi
Museo	Museum
Ombrello	Dirschen
Rilassamento	Relaxatioun
Spedizione	Expeditioun
Tram	Tram
Turismo	Tourist
Valigia	Koffer
Valuta	Währung
Zaino	Rucksak

Vacanze #2
- Vakanz - #2

Aeroporto	Fluchhafen
Campeggio	Campingsplaz
Destinazione	Zil
Hotel	Hotel
Isola	Insel
Mappa	Kaart
Mare	Mier
Passaporto	Pass
Spiaggia	Strand
Straniero	Auslänner
Taxi	Nieweroll
Tempo Libero	Freischt
Tenda	Zelt
Trasporto	Transport
Treno	Zuch
Viaggio	Reis
Visto	Visa

Veicoli
Nutzfahrzeuge

Aereo	Fléier
Ambulanza	Krankenwagen
Auto	Auto
Autobus	Bus
Bicicletta	Veel
Camion	Truckt
Caravan	Roulotten
Elicottero	Helikopter
Metropolitana	Bunn
Motore	Motor
Pneumatici	Pneuen
Razzo	Rakéit
Scooter	Roller
Sottomarino	Boot
Taxi	Nieweroll
Traghetto	Bevëlkerung
Trattore	Traktor
Treno	Zuch
Zattera	Dee

Verdure
Geméis

Aglio	Knuewelek
Broccolo	Brokkoli
Carciofo	Artischocke
Carota	Karrot
Cetriolo	Gurke
Cipolla	Ënner
Insalata	Salat
Melanzana	Eegplant
Oliva	Oliv
Patata	Gromper
Pisello	Erbse
Pomodoro	Tomat
Prezzemolo	Petersilie
Rapa	Troppel
Ravanello	Radisch
Scalogno	Schallot
Sedano	Sellerie
Spinaci	Spinat
Zenzero	Ingwer
Zucca	Kürbis

Vestiti
Kleedung

Abito	Kleid
Braccialetto	Armband
Camicetta	Bluse
Camicia	T-Shirt
Cappello	Huet
Cappotto	Mantel
Cintura	Ceinture
Collana	Kette
Giacca	Jacke
Gonna	Rock
Grembiule	Schort
Guanti	Handschuh
Jeans	Jean
Maglione	Pullovere
Moda	Mode
Pantaloni	Box
Pigiama	Schlafanzug
Sandali	Sandale
Scarpa	Schoen
Sciarpa	Schal

Virtù #1
Schliisslech #1

Affascinante	Charmant
Affidabile	Verlëftig
Appassionato	Passionatioun
Artistico	Artistik
Buono	Gutt
Curioso	Kräft
Decisivo	Encisiv
Efficiente	Effektiv
Generoso	Villen
Indipendente	Onofhängeg
Modesto	Ënnert
Paziente	Patient
Pratico	Praktisk
Pulito	Sauber
Saggio	Weis
Utile	Hëllefful

Congratulazioni

Ce l'hai fatta!

Speriamo che questo libro vi sia piaciuto tanto quanto a noi è piaciuto concepirlo. Ci sforziamo di creare libri della più alta qualità possibile.
Questa edizione è progettata per fornire un apprendimento intelligente, di qualità e divertente!

Le è piaciuto questo libro?

Una Semplice Richiesta

Questi libri esistono grazie alle recensioni che pubblicate.

Puoi aiutarci lasciando una recensione
ora a questo link ?

BestBooksActivity.com/Recensioni50

SFIDA FINALE!

Sfida n°1

Sei pronto per il tuo gioco gratuito? Li usiamo sempre, ma non sono così facili da trovare - ecco i **Sinonimi!**
Scrivi 5 parole che hai trovato nei puzzle (n° 21, n° 36, n° 76) e prova a trovare 2 sinonimi per ogni parola.

Scrivi 5 parole del **Puzzle 21**

Parole	Sinonimo 1	Sinonimo 2

Scrivi 5 parole del **Puzzle 36**

Parole	Sinonimo 1	Sinonimo 2

Scrivi 5 parole del **Puzzle 76**

Parole	Sinonimo 1	Sinonimo 2

Sfida n°2

Ora che ti sei riscaldato, scrivi 5 parole che hai trovato nei puzzle n° 9, n° 17 e n° 25 e cerca di trovare 2 contrari per ogni parola. Quanti ne puoi trovare in 20 minuti?

Scrivi 5 parole del **Puzzle 9**

Parole	Antonimo 1	Antonimo 2

Scrivi 5 parole del **Puzzle 17**

Parole	Antonimo 1	Antonimo 2

Scrivi 5 parole del **Puzzle 25**

Parole	Antonimo 1	Antonimo 2

Sfida n°3

Grande! Questa sfida non è niente per te!

Pronto per la sfida finale? Scegli 10 parole che hai scoperto nei diversi puzzle e scrivile qui sotto.

1.	6.
2.	7.
3.	8.
4.	9.
5.	10.

Ora scrivi un testo pensando a una persona, un animale o un luogo che ti piace.

Puoi usare l'ultima pagina di questo libro come bozza.

La tua composizione:

TACCUINO:

A PRESTO!

Tutta la Squadra

SCOPRIRE GIOCHI GRATIS

GO

↓

BESTACTIVITYBOOKS.COM/FREEGAMES